인성교육, 감성수업에서 길을 찾다!
마음의 힘을 기르는
감성수업

인성교육, 감성수업에서 길을 찾다!
마음의 힘을 기르는
감성수업

초판 1쇄 발행 2016년 3월 30일
초판 4쇄 발행 2018년 1월 11일

지은이 조선미 외
펴낸이 김승희
펴낸곳 도서출판 살림터

기획 정광일
편집 조현주
북디자인 꼬리별

인쇄·제본 (주)현문
종이 월드페이퍼(주)

주소 서울시 양천구 목동동로 293, 22층 2215-1호
전화 02-3141-6553
팩스 02-3141-6555
출판등록 2008년 3월 18일 제313-1990-12호
이메일 gwang80@hanmail.net
블로그 http://blog.naver.com/dkffk1020

ISBN 979-11-5930-012-7 13370

*가격은 뒤표지에 있습니다.
*잘못된 책은 바꾸어 드립니다.
*이 책은 저작권법에 따라 보호를 받는 저작물이므로 무단 전재와 복제를 금합니다.

인성교육, 감성수업에서 길을 찾다!

마음의 힘을 기르는
감성수업

조선미·김찬성·민경란·조유순 지음

살림터

추천하는 글

참으로 아름다운 사람들을 만났습니다. 그리고 그들의 손에 들려 있는 보물지도를 보았습니다.

인성교육이 강조되고 있는 시기에 현장 선생님들이 교실에서 직접 수업을 통해 경험했던 열정과 땀의 결정체를 제게 보여 주었습니다.

저는 이 책을 펼치고 한 장 한 장을 넘길 때마다 선생님들의 토론하는 소리와 열정으로 뛰는 심장의 두근거림과 신성한 노력의 땀 냄새를 그대로 느낄 수 있었습니다.

1부에는 감성수업의 필요성과 용어에 대한 정의, 2~4부에는 현장에서 누구나 쉽게 할 수 있는 수업 중심의 사례들, 5부에는 감성수업에 활용할 수 있는 자료들이 보물처럼 숨겨져 있습니다.

행복한 교직을 꿈꾸는 선생님뿐만 아니라 사랑하는 제자와의 관계에서 상처받은 선생님에게 소중한 자녀와 따뜻한 소통을 원하시는 부모님에게 이 보물지도를 보여드리고 싶습니다.

먼저 경험하신 선생님들의 레시피를 참고로 상황과 환경에 맞도록 재료를 덜어 내기도 하고 양념을 첨가하기도 하여 자신만의 독특한 감성수업을 만들어 가시기 바랍니다.

감성이 답입니다.

2016년 3월
여수교육지원청교육장 최성수

자신과 타인의 감정을 조율하는 감성지능이 IQ보다 중요하며,
IQ와 달리 감성지능은 학습을 통해 계발할 수 있다.
_대니얼 골먼

시작하는 글

가난은 도둑처럼 살금살금 온다고 하더니 불행은 천둥번개처럼 어느 한순간 내 인생에 내리쳤다. 딸아이가 중학교 2학년 때 겪은 '성장통'을 엄마로서 교사로서 지켜보는 시간들이었다. 약을 먹고 시간이 지나면 나을 것 같은 기대마저 사라진 시간들, 내 인생에서 가장 힘든 터널이었다.

그때 운명처럼 만난 것이 감성지능이었다. 공부를 잘하고 IQ가 높았던 딸아이가 부족했던 것은 감성지능EQ이었다. "자신과 타인의 감정을 조율하는 감성지능이 IQ보다 중요하며, IQ와 달리 감성지능은 학습을 통해 계발할 수 있다"는 대니얼 골먼의 감성지능 이론에 매료되어 매달렸다. 마음의 힘을 기를 수 있는 감성지능은 약이 필요 없고 몸과 마음으로 익히는 공부가 필요했다. 그 공부를 '감성수업'이라는 이름으로 딸아이, 제자들, 선생님들을 만났다. 그리고 그 노력들은 기대 이상으로 많은 것을 변화시켰다.

먼저, 교사로서 아이들을 바라보는 나의 관점이 달라졌다. 공부 잘하고 교사 말을 잘 들어주는 아이, 모범생, 착한 아이들을 다시 바라보게 되었다. 그 아이들의 내면에는 어떤 감정이 있을까? 혹시 억압되어 언제 터질지 모르는 감정이 숨겨져 있진 않나 관찰하게 되었고 그것은 아이들에 대한 관심이 되었다. 또한 혼자 놀거나 친구들과 관계가 좋지 않은 아이들에게는 더 정성을 쏟았다. 교실에서 일어나는 아이들의 문제 행동을 볼 때 그 행동 자체보다 행동 속에 숨겨진 감정들에 대해 더 생각하게 되었다. 무엇이 이 아이들을 이렇게 행동하게 했을까? 또 이 아이들은 어떤 모습으로 성장하게 될까를 생각하면서 그들을 바라보게 되었다. 마음으로 품는 아이들이 더 많아졌다.

수업 방법도 조금씩 바뀌었다. 인지적 목표 달성만을 위해 수업을 설계하고 이끌어 가던 방식에서 정의적 목표를 더 먼저 생각하게 되었다. 수업 내용에 대한 아이들의 마음은 어떠한지, 수업 활동 중에서 아이들의 마음을 다치게 하는 것은 없는지, 학습 목표를 이루기 위해 친구들끼리 충돌하지는 않는지에 더 관심이 갔다.

또 교육과정에는 없지만 가르치고 싶은 것들이 더 많아졌다. 스스로의 감정을 먼저 알아야 하고 소중하게 생각하는 것, 자신의 감정을 조절하는 방법들, 자신만의 목표를 세우는 것, 친구들 생각에 마음을 다해 공감해 주는 것, 그리고 자신이 배운 것을 친구들과 사회에 나눌 수 있는 것들에 대해 교육하고 싶었다. 그것이 바로 감성지능의 다섯 가지 영역이다.

그리고 많은 사람들을 만나는 기회가 생겼다. 특수교육을 비롯해서 유, 초, 중, 고 선생님들을 만나 아이들의 마음을 어루만지는 따뜻한 감성수업을 공개하고 마음속 이야기를 나누었다. 나의 고민은 수많은 교사들의 고민과 많은 것들이 닮아 있었다.

아이들과 마음을 소통할 수 있는 도구가 필요했다. 상담 도구로 많이 사용하는 감정카드, 대화카드를 수업 시간에 활용할 수 있도록 '마음을 열어 주는 감정카드'를 여러 번의 시행착오 끝에 딸아이와 함께 제작하였다. 인성교육의 덕목들을 머리로 생각하고 가슴으로 음미하고 손과 발로 실천할 수 있게 '가치카드'[1]를 연구회 회원들과 함께 만들었다.

중·고등학교 학생들을 위해 음악, 시, 감정 그리고 행복에 대해 마음을 나누는 '감성 Talk 콘서트'를 진행하였다. 자신의 감정 속에서 길을 잃고, 수업 시간에 감정을 보이지 않던 학생들은 조금씩 감정을 꺼내기 시작했다. ○○고등학교 학생들이 브레인스토밍 기법으로 장석주 님의 '대추 한 알'이란 시를 다음과 같이 바꾸었다.

대추 한 알	사람 한 사람
장석주	○○고등학생들이 함께
저게 저절로 붉어질 리는 없다 저 안에 태풍 몇 개 저 안에 천둥 몇 개 저 안에 번개 몇 개가 들어서서 붉게 익히는 것일 게다 저게 저 혼자 둥글어질 리는 없다 저 안에 무서리 내리는 몇 밤 저 안에 땡볕 한 달 저 안에 초승달 몇 날이 들어서서 둥글게 만드는 것일 게다	사람이 저절로 사람이 되어질 리는 없다 내 안에 슬픔 몇 개 내 안에 아픔 몇 개 내 안에 이별 몇 개가 들어서서 사람이 되어 가는 것일 게다. 사람이 저 혼자 둥글어질 리는 없다. 내 안에 무서움 몇 밤 내 안에 속상함 두어 달 내 안에 무기력 몇 날이 들어서서 나를 둥글게 만드는 것일 게다.

---

1) '가치카드'는 나중에 '내 마음의 보석카드'로 변형하여 사용하였다.

수줍게 앞머리로 눈을 가리고 변성기가 막 지난 울퉁불퉁 굵직한 목소리로 자신들이 완성한 시를 읽어 나갔다. 슬픔, 아픔, 이별, 무서움, 속상함 그리고 무기력…… 을 발음할 때마다 내 가슴이 먹먹했다. 아이들의 아픔이 느껴졌기 때문이다. 시를 읽고 난 후 잠깐의 침묵이 있었다. 아이들의 마음이 움직인 순간이었다.

전국 수석교사들과 감성수업을 공유하면서 함께 성장하는 행복도 누렸다. 지역에서 한정적으로 선보였던 감성수업은 전국 수석교사들의 전폭적인 지원 덕분에 많은 교사들에게 알려졌다. 무엇보다 감성수업에 대한 자료를 정선하여 그것을 책으로 엮는 데 시간과 노력을 함께한 '한국감성수업연구회'의 보석 같은 선생님들과의 만남은 또 하나의 터닝포인트가 되어 주었다. 모두들 학교, 가정 일을 어깨에 한 짐씩 지고 있었지만 감성수업에 대한 열정으로 퇴근 후 다시 연구실에 모였다. 우리는 '왜?'라는 근원적 질문부터 감성지능 향상을 위해 어떻게 수업 방법을 바꿔 볼까? 어떻게 수업에 적용할까? 끊임없이 질문하며 교실에 가서 적용해 보고 다시 만나 보완하는 작업을 꾸준히 하였다. 밤 10시가 넘어 힘든 몸을 이끌고 퇴근하면서도 서로 얼굴 마주 보며 뿌듯함을 주고받았다. 뭔가 바뀔 것 같은 희망을 보았기 때문이다.

밖은 눈이 내리고 매서운 바람이 시린 겨울이다. 이 겨울이 끝나고 봄이 오는 것을 알기에 사람들은 겨울을 즐기고 봄을 기다릴 줄 안다. 대한민국에서 교사의 길을 간다는 것은 끝나지 않는 겨울처럼 어렵고 힘들게 느껴질 때가 있다. 하지만 수업에서 감성을 서로 찾아 주고 마음을 주고받는다면 우리가 기다리는 따뜻한 봄날이 오지 않을까?

부족하지만, 남녘 끝에서 시작하는 우리들의 작은 날갯짓이 전국 선생님들의 힘든 마음을 다독여 주고, 아이들의 마음을 얻을 수 있는 자료가 되어 대한민국 수업을 따뜻하게 보듬어 주길 기대한다. 나비 효과처럼.

2016년 3월
대한민국 모든 선생님들의
따뜻한 감성수업을 지원하는
수업지원실에서
조선미

차례

추천하는 글 5
시작하는 글 9
프롤로그 | 긴급 마음 수혈, 우리에게 감정 소통이 필요하다! 16

Why • 감성수업이 인성교육에게 말을 걸다
[1] 왜 감성을 깨워야 하는가? 26
[2] 감성수업이란? 29
[3] 감성 체크 35

With ① • 감성수업이 인성교육에게 길을 묻다 하나
[1] 감성 예절 43
　　1. 나를 위한 감성 예절: 질문하기 44
　　2. 타인을 위한 감성 예절: 아하 대화법 49

With ② • 감성수업이 인성교육에게 길을 묻다 둘
[2] 감성 도구 57
　　1. 마음을 열어 주는 감정카드 58
　　2. 내 마음의 보석, 가치카드 67
　　3. 수업 전 몸 깨우기 80

How ① • 감성수업이 인성교육의 길을 가다 하나
[1] 감성놀이 수업 85
　　1. 경험 맵을 활용한 감성놀이 수업 86
　　2. 질문하기를 활용한 감성놀이 수업 ① 89
　　3. 질문하기를 활용한 감성놀이 수업 ② 93
　　4. 자연미술을 활용한 감성놀이 수업 96
　　5. 노래를 활용한 감성놀이 수업 101

How ② • 감성수업이 인성교육의 길을 가다 둘
[2] 단계별 감성수업 107
　　1. 자기 인식 중심 감성수업 108
　　2. 자기 조절 중심 감성수업 112

    3. 목표 설정 중심 감성수업　116
    4. 공감 중심 감성수업　120
    5. 사회화 중심 감성수업　124

How ③ • 감성수업이 인성교육의 길을 가다 셋
  [3] 교과 감성수업　129
    1. 그림책을 활용한 감성수업　130
    2. 토론을 활용한 감성수업　138
    3. 문학을 활용한 감성수업 ①　148
    4. 문학을 활용한 감성수업 ②　155
    5. 문학을 활용한 감성수업 ③　163
    6. 교과 주제통합(음악, 미술)을 활용한 감성수업　171
    7. 도덕과 감성수업　180
    8. 실과과 감성수업　187
    9. 사회과 감성수업　194
    10. 과학과 감성수업　201
    11. 수학과 감성수업 ①　208
    12. 수학과 감성수업 ②　216
    13. 통합 교과 감성수업　223
    14. 특수교육 감성수업　232

Coaching • 감성수업 길동무들
  [1] 교사의 감성을 일깨우는 셀프 코칭　242
  [2] 교사의 감성을 일깨우는 공감 코칭　247

Extra • 감성수업 도우미들
  [1] 감정카드 : 마음을 열어 주는 감정놀이 카드　256
  [2] 가치카드 : 내 마음의 보석　262
  [3] 셀프 코칭 & 공감 코칭 양식　275
  [4] 감성수업을 반영한 학교교육과정 운영 계획 예시　278
  [5] Q & A　285

에필로그 | 감성수업 응원 메시지　289
참고 문헌　292

프롤로그
긴급 마음 수혈,
우리에게 감정 소통이 필요하다!

장면 1: 초등학교 저학년 교실 풍경

"제가 안 했는데요!"
"저 애도 그랬어요!"

우리 반 학생들이 3월에 가장 많이 했던 말이다. 사과나 반성도 하지 않고 다른 친구들도 그랬으니 내 잘못은 크지 않다고 항변하는 아우성이다. 하지만 실상을 하나하나 따져 보면 그 학생이 사건의 발단이었고 먼저 사과했으면 되었을 일을 크게 만든 것도 그 학생이다. 그런데 문제는 우리 반 많은 수 학생들의 성향이 이렇다는 것이다. 왜 우리 학생들은 이렇게 자기 고집만 부리고 남 탓만 하는 것일까?

"시험 점수 알려 주세요~"
"우리 반 1등은 ○○이야. 1개 틀렸잖아. 좋겠다."
"올백 맞으면 우리 아빠가 스마트폰으로 바꿔 주신다고 했는데……."

중간, 기말평가 점수 공개 후 교실 풍경이다. 어른들이 1등만 기억하는 더러운 세상이라고 한탄하지만 학생들 세상은 점수에 더욱 민감하다. 1등만 그리고 100점만이 최고라고 여긴다. 이렇듯 자기 고집이 세고 남을 배려하지 못하고 흑백 논리에 갇혀 있는 학생들에게 누구의 의견이든 반성하고 검토할 수 있는 자기 반성적 사고, 스스로 생각하는 창의적 사고, 생각에 생각을 더해서 더불어 성장하는 배려적 사고를 가르쳐 줄 수 있는 방법은 없을까?

장면 2: 초등학교 고학년 쉬는 시간 풍경

"쟤가 자꾸 내 얼굴을 치잖아요!"

평소에 전혀 큰소리치거나 화내는 일이 없는 ○○이가 얼굴이 붉어져서 불만 가득한 소리로 나를 쳐다본다. 친구 안경을 부러뜨리기까지 하면서 폭력을 행사한 ○○이의 표정에는 반성의 기미는커녕 아직도 분노가 가득하다.

"뺨을 치면서 장난으로 만지는 것 같아 처음에 저도 장난으로 받아 줬어요. 두 번째도 그냥 웃으면서 받아 줬고 이제 그만하겠지 했어요. 하지만 또 하는 거예요! 그래서 네 번째는 도저히 못 참고 저도 모르게 주먹을 날렸어요!"

참을 만큼 참아서 때린 것이므로 상대방에게 잘못이 있다는 것이다.

"아니에요. 장난으로 뺨을 쳤어요. 그런데 쟤가 아무 말도 안 하고 웃는 거예요. 그래서 괜찮을 줄 알았지요! 서로 뒹굴면서 노는 거니까 장난으로 받아들이는 줄 알고, 치고 웃고 치고 웃고 함께 그랬는데 갑자기 주먹으로 내 얼굴을 쳤어요!"

처음에 웃으니까 장난인 줄 알고 계속 뒹굴면서 그렇게 놀았는데 어느 순간 갑자기 악마가 되어 자신에게 폭력을 가했다는 ○○ 친구가 도저히 이해되지 않는다며 ◇◇이가 숨을 씩씩거린다.

○○이는 교실에서 소문난 모범생이다. 과학 시간이 되면 준비물을 교사보다 훨씬 야무지게 모둠별로 정비해 놓고 수업을 마치면 원래대로 하나하나 정돈해 놓을 줄 아는 학생이다. ○○이가 만약 처음 ◇◇이가 장난칠 때 "야! 나는 네가 내 뺨을 때리는 것이 싫어!"라고 말했다면 어땠을까? ○○이가 처음에 이것이 기분 나쁘다는 것을 확실히 인식하고 자신의 감정을 정확히 전달했다면 어땠을까? ◇◇는 장난을 치면서 ○○이의 감정을 전혀 몰랐을까? 전혀 눈치채지 못한 것도 문제이고 알면서도 재미있으니까 괜찮겠지! 웃고 있잖아! 생각한 것도 문제이다. ○○이와 ◇◇이가 조금만 자신의 감정에 솔직하고 친구의 감정에 공감했다면 안경이 부러지고 부모까지 불려오고 학교폭력자치위원회까지 열렸을까?

장면 3: 교사들 대화

● **월요일 티타임 일상적 대화**
걱정 선생님 오늘 애들이 너무 산만해요.
태평 선생님 아유 그냥 이작저작해도 수업 시간은 가잖아.

삐딱 선생님   그 녀석들 죄다 학원 숙제하느라 늦게 잤대나 뭐래나. 아무튼 사교육이 문제라니까, 선생님 안 그래요?

공감 선생님   그러게요.

걱정 선생님   이제 중간고사도 얼마 남지 않았고 진도도 빠듯하고, 걱정이에요.

태평 선생님   걱정 마세요. 학원에서 다 배워 오는데 뭘 걱정해요?

삐딱 선생님   선생님이 잘 가르쳐서 성적이 잘 나온다고 생각해요? 아무리 성적이 잘 나와도 학원에서 잘 가르쳤다고 생각하거나 지 잘나서 성적이 좋다고 생각하지. 선생님은 생각도 안 해요. 안 그래요, 선생님?

공감 선생님   그러게 말이에요.

● 화요일 점심 5교시 수업 걱정

걱정 선생님   점심도 맛있게 먹었겠다, 에휴, 5교시에는 우리 반 학생들 정수리 보고 수업해야겠어요.

태평 선생님   맨날 그러지 뭐 하루 이틀인가요? 그런가 보다 하세요.

삐딱 선생님   아무튼 이 녀석들, 손에 휴대폰 게임을 하게 해 주면 식곤증이다 뭐다 아랑곳하겠어요? 도대체 부모님들은 무슨 생각으로 애들한테 비싼 휴대폰을 사 주는지 모르겠어요.

공감 선생님   맞아요. 선생님 말씀도 일리가 있네요.

● 수요일 중간고사 이틀 전

걱정 선생님   우리 반에는 벌써 수포자가 다섯이에요. 중간고사에서 평균이나 안 깎아 먹어야 할 텐데, 문제는 읽어 보고들 푸는지 에휴.

태평 선생님   선생님 수학 못해도 사는 데는 아무 지장 없어요. 오히려 더 잘살더구만. 돈 계산 잘하고 제 이름 석 자만 쓸 줄 알면 되지. 아니다, 요새는 아이디 비번만 칠 줄 알면 사는 데 아무 문제가 없어요.

삐딱 선생님 여하튼 교육과정이 해도 해도 너무 어려워. 교과서를 도대체 누가 만드는지……. 학교 현장 목소리는 듣지도 않고 탁상공론만 한다니까. 수시로 개정하면서 이거 뭐가 바뀐 건지 더 복잡하기만 하고 내용만 이리 옮겼다 저리 옮겼다 난리굿이에요.

공감 선생님 그런 것 같기도 하네요.

● **금요일 퇴근 무렵**

태평 선생님 이야~! 불금이야 불금! 알고 보면 딱히 할 일도 없지만……. 교사가 이 맛에 사는 거지. 다섯 시 땡 퇴근에, 주 5일 근무 확실하고 방학 있지.

삐딱 선생님 딱 한 가지만 빼면요! 아, 이, 들! 학생들만 없으면……. 우리 직업이 최곤데, 내가 늙는다. 늙어. 우리 애들 오늘 무슨 일을 저질렀는지 아세요. 원어민 선생님 영어를 못 알아듣는 척하면서 놀리고 장난치다 결국 교실에서 나가 버렸지 뭐예요. 원어민 선생님이 얼마나 억울해하시는지 결국 눈물까지 펑펑 쏟으시더라고. 아무튼 요즘 학생들은 기본 인성이 안 되어 있어. 쯧쯧쯧…….

걱정 선생님 아휴, 이러다 학교는 어떻게 될는지. 요즘은 학생들의 선생님에 대한 예의가 점점 사라지고 있는 것 같아서 걱정이에요. 앞으로 얼마나 교사 생활을 할 수 있을는지 모르겠어요.

공감 선생님 선생님께서 그런 걱정까지 하고 계셨군요.

공감 선생님 그러니까 일주일 내내 우리들은 학생들과 학부모, 교육환경과 교육정책을 탓하며 생활하는 악순환의 고리를 벗어나지 못하고 힘들어했어요.
그렇다면 이런 악순환의 고리를 벗어나기 위해서 당장에 내가 실천할 수 있는 일이나 내가 해야 하는 일은 무엇인가 한번쯤 생각해 보신 적은 있나요?

삐딱 선생님 일에 치여서 그런 생각할 여유나 있었나요?
걱정 선생님 다음 주에 처리할 공문도 있는데…….
태평 선생님 다음 주도 그냥저냥 가겠지요.

초중고 교실에서 학생들 모습이나 선생님들의 대화는 일정한 패턴이 있는 것처럼 비슷하고 반복적이다. 왜 그럴까? 박용철 정신건강의학과 원장의 『감정은 습관이다』라는 책에서 불행한 감정을 선택하는 수많은 사례들과 우리 학교 현장의 상황이 많이 닮아 있다.

우리의 뇌는 좋은 감정보다 익숙한 감정을 선호한다[2]고 한다. 수많은 위협과 위험 속에서 살아남고자 했던 원시 인류는 '이렇게 하면 적어도 죽지 않는다'라고 믿으며 새로운 것은 나에게 득이 될 수 있지만, 만에 하나 죽음과 조결되기 때문에 익숙한 것을 선택했던 뇌의 작동원리가 현대인의 머릿속에도 남아 있기 때문이라고 한다. 그래서 우리들의 대화나 생활 패턴을 결정하는 감정은 반복적으로 습관이 된다.

이처럼 학교에서 학생들은 물론 교사들도 감정의 오래된 습관에서 벗어나질 못하는 경우가 많다. 우리의 문화적 특성 때문이겠지만 자신의 감정을 꾹꾹 참는 것이 미덕이라는 인식은 아주 일반적이다. '감정은 참고 참는 게 가장 최선이다'라고 생각하고 있다가 임계점에 다

---

2) 박용철,『감정은 습관이다』, 추수밭, 2013, pp. 15~21.

다르거나 민감한 감정을 건드렸을 때 자신도 모르게 어느 순간 더 큰 화가 되고 분노가 되어 폭력이 된다. 이것은 학생들과 교사들에게 큰 상처가 되고 만다.

　반대로 밖으로 표출하지 않은 감정이 자신에게 주는 피해 또한 문제이다. 마음의 상처로 인해 안으로 쌓인 감정들은 속에서는 곪아 터지지만 생존을 위해 아이들은 무표정이 되고 무기력해진다. 지금 교실은 이러한 상처들이 또 다른 상처를 만드는 악순환이 되고 있는 상황이다. 이 악순환의 고리를 먼저 인식하고 감정의 선순환을 만들 수 있어야 한다. 교육의 힘으로 치유할 수 없는 상태가 되기 전에 교사, 학생들에게 긴급 마음 수혈, 감정 소통이 절실하다.

Why

감성수업이 인성교육에게 말을 걸다

[1] 왜 감성을 깨워야 하는가?
[2] 감성수업이란?
[3] 감성 체크

왜 학생들은 공부 시간에 자는가?
왜 학생들은 공부에 흥미가 없는가?
왜 학생들은 어깨가 처져 있고 눈빛이 반짝이지 않는가?
왜 학생들은 공부보다 게임을 더 좋아하는가?
왜 학생들은 공부 시간에도 짝과 수업과 관계없는 이야기를 하는가?
왜 학생들은 얼굴에서 표정이 사라지고 있는가?
왜 학생들은 선생님이나 수업에 대한 예의가 없는가?
왜 학생들은 학년이 올라갈수록 발표를 하지 않는가?
왜 학생들은 숙제를 해 오지 않는가?
왜 학생들은 설명한 내용을 곧바로 이해하지 못하는가?
왜 학생들은 수업 시간에 소외감을 느끼는가?
왜 학생들은 선생님에게 반항할까?
왜 학생들은 잘못을 인정하지 않는가?

왜 교사들은 해가 갈수록 점점 지쳐 가는가?
왜 교사들은 해가 갈수록 수업에 자신이 없어지는가?
왜 교사들은 학생들을 다루기가 더 힘든가?
왜 교사들은 관리자와 소통하기 어려운가?
왜 교사들은 학교에서 시간이 갈수록 침묵하는가?
왜 교사들은 수업이 재미가 없을까?
왜 교사들은 재미도 감동도 없는 수업을 계속할까?
왜 교사들은 수업 준비할 시간이 없을까?

왜 교사들은 학생들과 학부모에게 무기력감을 느낄까?
왜 교사들은 틀에 박힌 공개수업을 계속할까?
왜 교사들은 바뀌지 않을까?
왜 교사들은 교과서 진도만 중요하게 생각할까?
왜 교사들은 본인의 변화는 시도하지 않고 교육 당국만 탓하고 있을까?
왜 교사들은 자는 학생들을 탓하는가?

왜 첫 발령 난 초임 교사는 교직에 들어선 것을 행복해하는데 해가 갈수록 행복해하지 않는가?
왜 모든 문제를 사교육 탓으로 돌릴까?
왜 모든 문제를 입시 탓으로 돌릴까?
왜 교사, 학생, 학부모는 서로를 탓하고 자기 잘못을 인정하지는 않을까?

학생들은 변하지 않는 사회와 학교를 탓하고
교사는 변하지 않는 교육정책과 사교육에 젖어 있는 학생들을 탓하고
사회는 학교와 교사를 탓하는 악순환…… 뫼비우스의 띠처럼.

'왜'에 대한 대답을 교사의 자존심, 수업으로 찾아가려 한다.
그 수업은 지식 전달만을 위한 수업이 아니다.
학생들과 마음이 소통하는 따뜻한 감성수업이다.
학생들의 마음의 힘을 키우는 따뜻한 감성수업이다.

[1] 왜 감성을 깨워야 하는가?

지금의 학생들이 어른이 되면 어떤 세상에서 어떤 일을 하며 어떤 모습으로 살게 될까? 『유엔미래보고서』에 따르면 미래 예측의 한계가 2045년까지라고 한다. 그때쯤이면 인공지능이 급속하게 발달해서 인간의 지능을 뛰어넘는 미래가 다가온다는 것이다. 인공지능은 삶을 편리하게 해 주겠지만 인간의 일자리 대부분을 빼앗기기 때문에 직업의 사이클이 상상을 초월할 정도로 짧아져 지금 초등생 가운데 65%는 아직 존재하지 않는 직업을 갖게 될 것이라고 한다.[3] 미래를 살아갈 학생들에게 인공지능을 이길 수 있는 지식을 가르쳐야 하는가? 인공지능이 다룰 수 없는 감성을 가르쳐야 하는가?

미래학자 다니엘 핑크는 『새로운 미래가 온다』라는 책에서 '하이콘셉트·하이터치'가 오고 있음을 말한다. 18세기는 농경 시대에서 농부가, 19세기에는 산업화 시대에서 공장 노동자가, 20세기에는 정보화 시대에서 지식 근로자가 그리고 21세기에는 하이콘셉트·하이터치 시대로 창작자 및 타인과 공감하는 능력을 가진 사람이 필요한 사회라는 것이다. 예술적, 감성적 아름다움을 창조하는 하이콘셉트와 공감을

---

3) 한국경제신문, 김정호 칼럼, 「대부분의 직업이 위기를 맞았다는 현실」.

이끌어 내는 하이터치는 고도의 기능과 감성의 융합을 의미한다. 이 융합을 위해 지금 우리 학생들에게 어떤 수업이 진행되어야 할까?

그런데 미래를 준비해야 하는 우리 교실의 모습은 어떠한가? "오직 가르친다는 것은 수단 방법 안 가리고 남을 이기고 남의 위에 올라서는 것, 점수 많이 따는 것, 온갖 잡동사니 지식을 머리에 쑤셔 넣는 것이었습니다. 이 지구상의 어떤 동물도 제 새끼를 이토록 추악하게 기르는 동물은 없습니다. 이것은 기르는 것이 아니라 짓밟아 죽이는 것, 서로 잡아먹게 하는 것입니다"라고 하시던 이오덕 선생님의 말씀이 우리 교실에 아직도 그리고 여전히 남아 있다고 느껴지는 것은 무엇 때문인가!

내 자식만은 혹은 내가 맡은 학생들만은 어른이 되어 더 좋은 직업을 갖게 하기 위해 공교육의 교실은 늦은 밤까지 불이 켜져 있다. 또한 사교육의 시계는 공교육이 쉬는 늦은 저녁과 주말에도 계속 쉴 줄 모른다.

> 그 어느 때보다 공부의 양이 많은 시대에 살고 있는 학생들,
> 교실에서 행복한가?
> 행복하지 않다.
> 그럼 지금 참고 공부하면 미래에는 행복한가?
> 아무도 장담하지 못한다.

삶의 성공과 행복을 결정하는 요소를 우리는 알게 모르게 IQ나 좋은 성적에 기대는 경향이 있다. 시험 성적이 좋으면 미래에 성공해서 행복할 것이라고 생각하는 경향이 있다.

그러나 IQ가 높은 사람이 오히려 친구관계나 사회생활을 잘하지 못

하는 경우가 있고, 오히려 평범한 IQ를 지닌 사람이 관계 형성을 잘하는 능력을 지닌 경우도 있다. IQ나 성적으로만 설명할 수 없는 인간의 행복에는 또 어떤 요인이 작용하는 것일까? 그것은 자기 통제, 열성과 끈기, 스스로 동기를 부여하는 능력 등을 포함하는, 즉 감성지능EQ이라 불리는 능력인 경우가 많다. 감성지능은 교육으로 습득할 수 있는 것이며, 유전적으로 주어졌을지도 모르는 지적 잠재력을 활용할 더 좋은 기회가 되기도 한다.[4] 아리스토텔레스는 『니코마코스 윤리학』에서 "누구나 화를 내기는 쉽다. 그러나 적당한 사람에게, 알맞은 정도로 합당한 때에, 옳은 목적을 위해, 제대로 화를 내는 일은 쉽지 않다"라고 말하면서 지성과 감성의 조화를 말한다. 감성 자체보다 감성을 어떻게 적절하게 표현하느냐, 감성에 어떻게 지성을 부여하여 사회 곳곳에서 시민정신이 발양되게 하고, 공동체적 삶에 배려와 정신을 심느냐가 문제인 것이다.[5]

그래서 우리의 교육 현장에서 경쟁만을, 지식만을 위한 수업을 바꾸려면 이제 감성을 움직이는 수업, 마음이 움직이는 수업으로 교사들이 움직여야 한다. 지식에 감성을 부여하려면, 머리의 힘만을 기르는 수업에서 마음의 힘을 기를 수 있는 감성수업이 필요하다. 이제 가르치지 말자, 지식만을! 그리고 깨우자, 학생들의 감성을!

---

4) 『EQ 감성지능』, 대니얼 골먼, p. 33.
5) 『EQ 감성지능』, 대니얼 골먼, p. 36.

[2] 감성수업이란?

감성(感性, emotion)이란 국어사전적 의미로 보면 "자극이나 자극의 변화를 느끼는 성질, 자극에 대하여 느낌이 일어나는 능력, 감각적 자극이나 인상印象을 받아들이는 마음의 성질"을 말한다. 철학사전에서는 "이성理性에 대응되는 개념으로, 외계의 대상을 오관五官으로 감각하고 지각하여 표상을 형성하는 인간의 인식 능력"이라고 정의하고 있다.

대니얼 골먼은 감성을 "감정과 감정에 따른 제각각의 생각, 심리적·생물학적 상태, 행동하려는 광범위한 성향"이라고 주장하며, 존 메이어John Mayer와 피터 샐로비Peter Salovey 두 심리학자가 쓴 논문에서 처음 등장한 '감성지능'이라는 개념을 구체적으로 제시하고 있다.

감성지능의 다섯 가지 영역은 첫째, 자신의 감정을 인식하는 능력으로 감성지능의 중추를 이룬다. 둘째, 자신의 감정을 조절하는 능력으로 자기 인식을 바탕으로 구축될 수 있다. 셋째, 자신에게 동기를 부여하는 능력으로 목표 달성을 위해 감정을 잘 정리해 나가면 주의 집중과 동기 부여, 자기 극복, 창의성이 증가된다고 한다. 넷째, 타인의 감정을 인식하는 능력으로 감성적 자기 인식이 있어야 구축될 수 있는 또 다른 능력으로 '인간관계 능력'의 근본이 되는 것이다. 다섯째,

인간관계를 관리하는 능력으로 넓게 보면 타인의 감정을 관리하는 기술이다.[6] 즉 "자신과 타인의 감정을 조율하는 감성지능은 IQ보다 학습을 통해 계발될 수 있는 여지가 많다"는 메시지를 준다.

감성수업의 역사를 더듬어 보면 1995년 심리학자 대니얼 골먼의 『EQ 감성지능』이 출간된 후로 세계 곳곳 다양한 방면에 감성이라는 이름이 활발하게 연구 및 사용되고 있다. 그것이 기업과 사회에 많은 영향력을 끼친 것은 물론이고, 감성지능은 전 세계의 수십만 학교에서 SEL(Social and Emotional Learning) 프로그램을 통해 교육과정으로 운영되고 있다. 학생들은 수학이나 과학 같은 과목과 마찬가지로 SEL에서 일정 수준의 점수를 획득해야 교육과정 이수가 된다고 한다. SEL은 학교 폭력과 같은 문제를 예방하는 한편, 학습 향상 프로그램의 중요한 구성 요소임이 과학적으로 입증되었다. 학생들의 자기 인식 능력을 향상시키고, 혼란스러운 감성과 충동을 통제하며 감정이입 능력을 키우게 되면 행동이 좋아질 뿐 아니라 학업성취도가 높아진다는 실험 결과도 있었다.[7]

미국 일리노이 주에서는 유치원부터 고등학교까지 SEL 학습 특별 기준을 마련하였다. 초등학교 저학년은 자신의 감성을 파악하고 정확하게 분류하는 법을 배운다. 또한 그 감성을 어떻게 작용하게 할 것인지 조절하는 능력을 기른다. 고학년이 되면 감정이입 수업을 통해 다른 사람이 느끼는 방식에 대한 비언어적 단서를 인식할 수 있게 한다. 중학교에서는 자신이 받는 스트레스의 원인이 무엇인지, 혹은 자신이 최고의 성과를 거두는 데 어떤 요인이 작용하는지를 분석할 수 있다. 또한 고등학교에서는 갈등을 키우는 대신 그것을 해소하는 방식으로

---

6) 『감성지능』(상), 대니얼 골먼, pp. 95~97.
7) 『감성지능』, 대니얼 골먼, p. 19.

경청하고 말하는 능력과 서로 이익이 되는 방향으로 문제를 해결하기 위해 협상하는 능력을 배운다.[8]

우리나라에서는 인성교육의 새로운 방향으로 감성지능과 심리적 변인들과의 관계, 감성지능 측정 도구 개발 및 감성지능을 증진시키는 교육 프로그램 등에 관한 연구가 활발히 진행되고 있다.[9] 그러나 감성지능 향상을 위한 효과적인 프로그램 개발 연구는 아직 시작 단계에 있다.[10]

현재 우리나라 교육 현장에서는 감성수업의 필요성을 느끼고 있는 교사들이 많이 있으나 감성수업을 어떻게 시작해야 할지, 어떤 자료가 있는지, 어떤 프로그램이 있는지 등 교육 현장에서 바로 사용할 수 있는 감성수업에 대한 구체적인 사례를 구하기가 힘들었다. 외국의 SEL 프로그램처럼 감성수업이 정규 교육과정으로 정해져 있지 않을 뿐더러 국내에서 개발된 일부 프로그램들도 교과 수업이 아닌 창의적 체험활동을 활용하거나 특정 학생들을 대상으로 한 내용이었다.

본 연구회에서는 감성에 대한 다양한 해석과 외국과 우리나라 감성수업의 현실을 바탕으로 교실 현장에서 감성을 어떻게 수업에 녹여낼 수 있을까에 대해 오랫동안 고민하고 실천하였다. 그리고 현장 교사들이 감성을 수업에 접목할 수 있도록 감성과 감성지능에 대한 조작적 정의가 필요하다는 것을 알게 되었다. 그 결과 감성은 오감을 비롯한 다양한 감각으로 주변 상황을 느끼는 것, 감성지능은 자신과 타인의 감정을 현명하게 다루는 능력, 감성수업은 감성지능을 향상시켜 학생에게는 마음의 힘을 길러 주고, 교사에게는 따뜻한 소통의 기술을 갖

---

8) 『감성지능』, 대니얼 골먼, p. 18.
9) 『청소년을 위한 감성교육 프로그램 개발 연구』, 김영희, p. 111.
10) 『청소년을 위한 감성교육 프로그램 개발 연구』, 김영희, pp. 112~113.

게 하는 교육 활동이라고 정의했다. 감성수업 요소는 감성지능의 다섯 가지 영역을 기반으로 자기 인식, 자기 조절, 목표 설정, 공감, 사회화로 재구성하였다. 이 다섯 가지 요소는 수업의 전 과정에 모두 활용해도 되고, 수업의 어느 한 부분에서 특정 요소만 선택하여 접목해도 된다.

이 책은 감성수업에 대해 낯선 현장 교사들이 쉽게 접근할 수 있도록 다음과 같은 내용으로 구성되어 있다.

With 편에서는 감성수업을 위한 도구인 감성 예절, 감정카드, 가치카드에 대해 안내한다. How 편에서는 감성수업의 밑다짐 활동을 위한 감성 향상 프로그램을 제시한다. 이것은 감성수업 요소를 하나하나 알아 갈 수 있도록 구성하였다. 또한 각 교과별 감성수업 진행 사례도 제시한다. Coaching 편에서는 교사의 감성을 일깨우는 셀프 코칭과 공감 코칭에 대해 설명한다. Extra 편에서는 감정카드를 비롯하여 감성수업에 필요한 모든 자료를 안내하고 있다.

이것은 하나의 예시로서 첫 씨앗을 뿌렸을 뿐이다. 앞으로 감성수업에 관심과 열정을 가지고 함께할 독자를 중심으로 감성수업의 다양한 모습들이 꽃피고 열매 맺길 바란다.

감성수업 요소별 특성

• 자기 인식

본 수업을 시작하기 전에 교사가 학생들의 감정을 알아차리는 것과 학생 스스로 어떤 감정으로 수업에 참여하는지를 확인하는 과정이다. 이때 교사는 학생들이 어떤 마음인지 알고자 감정카드나 얼굴 표정, 발문을 통하여 알아본다. 그래서 현재의 수업과 무관한 학생의 마음을 알아차리고 읽어 주어 학생들의 감정에 생명을 불어넣어서 학생들이 의미 있게 수업에 참여하도록 하는 단계이다.

• 자기 조절

주로 감성 예절 익히기인 아하 대화법을 활용할 수 있다. 또한 본 수업과 관련된 학생들이 가져야 할 중요한 가치가 무엇인지 함께 이야기하는 시간도 의미 있다. 친구들과 함께 수업하기 위해 스스로 감정을 조절할 수 있도록 자아 성찰의 시간을 주는 단계이다.

• 목표 설정

학생들과 함께 학습 목표를 설정할 때 학습 목표가 나에게 주는 의미를 성찰해 보게 하는 단계이다. 이때 교사도 본 학습을 통해 실천될 수 있는 교육철학을 성찰해 볼 수 있는 시간이 된다.

• 공감

학습 주제에 대해 서로가 감지한 학습 내용을 감성을 열고 받아들이기 활동을 한다. 학습 목표 달성을 위한 활동에 대한 공감, 친구와 공감, 선생님과 공감 활동을 적극적으로 하기 위해 아하 대화법과 질문하기, 감정카드, 가치카드를 사용할 수 있다.

• 사회화

주어진 목표를 달성하기 위해 활동했던 것을 교실 밖으로 영역을 확장해 나가는 단계이다. 글로 써 보는 활동, 가족에게 말이나 행동으로 표현해 보는 활동, 타인에게 실천해 보는 활동을 통해 공부한 것을 사회에 녹여내는 활동을 수업 마무리에 약속하는 단계이다. 또한 학습이 나에게 주는 의미를 살펴보고 내면화하는 단계이다.

　자기 인식과 자기 조절 단계가 머리로 이렇게 해야지 다짐하는 활동이라면 목표 설정과 공감 단계는 감성을 열어 가슴으로 충분히 받아들이는 활동이다. 그리고 사회화 단계는 머리와 가슴으로 생각하고 느꼈던 것들을 실제 손과 발로 실천해 보는 활동이다.

감성수업 요소에 따른 감성수업 주요 활동

감성지능의 5가지 요소		주요 활동	활용 가능한 자료의 예
자기 인식	교과 경험	• 선수 학습 능력 파악 • 배경지식 활성화 • 동기 유발	• 감정카드 활용
	감성 경험	• 현재의 내 감정 알아보기 • 불편한 감정을 가진 학생의 마음 다독여 주기 • 학습 내용, 학습 환경, 친구관계 등에서 수업할 준비가 되었는지 알아보기	
자기 조절	교과 경험	• 수업 감성 예절 확인하기	• 아하 대화법 활용 • 가치카드 활용 • 자아 성찰 시간 갖기
	감성 경험	• 활동 규칙 약속하기	
목표 설정	교과 경험	• 학습 문제 확인하기	• 학생들과 함께 목표 설정
	감성 경험	• 학습 문제가 나에게 주는 의미 찾기	
공감	교과 경험	• 문제 해결하기 • 지식 탐구하기 • 지식 발견 학습 등	• 학습 주제에 대해 서로가 감지한 학습 내용을 감성을 열고 받아들이기
	감성 경험	• 공감하며 활동하기 • 협력하여 활동하기 • 배려하며 활동하기	
사회화	교과 경험	• 학습 내용 정리하기 • 교실 밖으로 학습 내용 확장하기	• 글로 표현하기 • 타인에게 실천하기
	감성 경험	• 감성적 이해 결과 발표하기 • "나에게 오늘 수업은~~~" • "나에게 ○○○은 ~~~~이다" 등으로 정리하기	

[3] 감성 체크

　IQ와 감성지능은 상반된 것이 아니라 독립적인 것이다. 인간에게는 지적, 감성적 예민함이 뒤섞여 있다. 사실 IQ와 감성지능은 대체로 독립된 실체라는 점을 명확히 할 정도로 상호 관련성이 거의 없다고 한다. 친숙한 IQ 검사와 달리, '감성지능 지수'를 산출하는 필답 형태의 검사는 현재 하나도 없으며, 앞으로도 존재하지 않을지도 모른다.[11] 더욱이 제한된 수업 시간에 학생들의 감성지능까지 알아보기는 너무나 어려운 일이지만 학생과 교사의 감성을 진단하는 일은 꼭 필요하다.

　그래서 시시각각 변화하는 학생들의 마음 상태를 교실에서도 손쉽게 알아볼 수 있는 자료 제작을 위해 고민한 결과 교사감성수업지수와 학생감성학습지수, 감정체크리스트[12]를 구안하였다.

　교사가 행복해야 학생들이 행복하다. 교사의 감성지수가 높아야 학생들의 감성지수가 높다. 그동안 꽁꽁 닫아 놓았던 감성과 감정들을 하나하나 찾아가며 음미하고 진단하는 자료가 되길 바란다.

---

11) 『감성지능』, 대니얼 골먼, p. 95.
12) 『교육을 바꾸는 힘, 감성교육』, 홍영미 외 5인.

교사감성수업지수

	5	4	3	2	1	질문
1						나는 학생들의 감정을 잘 알아차리고 반응하는 편이다.
2						나는 수업 시간에 나타나는 여러 가지 문제나 분노, 상처 등의 감정을 잘 조절할 수 있다.
3						나의 수업에는 수업을 열정적이고 활기차게 만들어 주는 정말 중요한 것들이 있으며, 이것들을 다른 사람에게 보여 준다.
4						교사인 나에 대해 학생들이 어떤 생각을 갖고 있는지 알려고 노력하여 학생들의 요구를 받아들이려고 노력한다.
5						수업에 필요한 자료를 찾기 위해 주변 사람을 쉽게 만나고 자연스럽게 도움을 청할 수 있다.
6						나의 에너지가 고갈되었음을 느낄 때, 무엇이 원인인지 알고 있다.
7						나는 사람들에게 적절하게 감정을 표현한다.
8						다른 사람들과 대화 속에서 나의 성장 요소를 잘 발견하는 편이다.
9						다른 사람의 비언어적인 표현을 통해 그 사람의 감정을 잘 알아차리는 편이다.
10						나는 공개수업이나 회의 때 발표하는 것에 대해 큰 어려움이 없다.
11						나를 위해 산책이나 사색, 명상 시간을 규칙적으로 갖는다.
12						나는 어떤 문제에 대한 결정을 할 때 심사숙고하는 편이다.
13						수업의 어떤 상황에서라도 학생들에게서 긍정적인 면을 발견하려고 노력한다.
14						학교생활에 어려운 일이 있을 경우, 내 주변에 도움을 요청할 교사가 있다.
15						동료 교사나 학생들이 감정 조절을 하지 못할 경우, 나는 침착하게 감정을 인지하고 조절하여 대처할 수 있다.
16						나는 일주일 동안 느꼈던 감정을 1분 안에 7가지 이상 찾아낼 수 있다.
17						나는 상황에 맞게 내 감정을 자연스럽게 표출할 수 있다.
18						나는 수업 중에 어려운 상황이 생기더라도 수업 목표를 도달하기 위해 최선을 다할 수 있다.
19						대화할 때 상대방과 감정이입을 잘하는 편이다.
20						동료 교사가 내 의견을 거절해도 기분 나빠하지 않고 상대방은 여전히 나를 좋아하고 존중한다고 생각한다.
21						나는 교사로서 자부심과 긍지를 가지고 있다.
22						나의 감정을 잘 조절할 수 있고, 나의 업무에 대해 즐기는 마음을 가지려고 노력하는 편이다.
23						나는 교사라는 직업이 사회적으로 의미 있고 가치 있는 일이라고 생각한다.
24						나는 학생들의 이야기를 잘 들어주는 편이다.
25						나의 말과 행동이 주변 사람들에게 설득력이 있는 편이다.

5: 항상 그렇다, 4: 거의 그렇다, 3: 때때로 그렇다, 2: 거의 그렇지 않다, 1: 전혀 그렇지 않다.

학생감성학습지수

	5	4	3	2	1	질문
1						나는 순간순간 나의 감정을 잘 알아차린다.
2						공부 시간에 다른 친구에게 피해 주는 행동을 하지 않는 편이다.
3						나는 공부 시간에 학습 목표를 잘 알고 있다.
4						학교에서 선생님과 친구들의 생각이 무엇인지 잘 알아차리는 편이다.
5						준비물을 가져오지 않았을 때 자연스럽게 친구에게 도움을 청할 수 있다.
6						공부가 힘들어질 때, 무엇이 원인인 줄 알 수 있다.
7						나는 사람들에게 내 감정을 적절하게 표현한다.
8						나의 장점을 알고 그것을 꿈과 연결시켜 본 적이 있다.
9						몸짓, 표정, 말투 등을 통해 다른 사람의 감정을 잘 알아차린다.
10						나는 공부 시간에 발표하는 것에 대해 큰 어려움이 없다.
11						나는 혼자 있을 때 게임기, 휴대폰, TV가 없어도 잘 지내는 편이다.
12						나는 어떤 문제에 대한 결정을 할 때 깊이 생각하는 편이다.
13						공부 시간에 어떤 상황에서라도 최선을 다하려고 노력하는 편이다.
14						학교생활에 어려운 일이 있을 경우, 내 주변에 도움을 요청할 사람이 있다.
15						친구가 이유 없이 화를 내더라도, 나는 도움을 줄 수 있다.
16						나는 일주일 동안 느꼈던 감정을 1분 안에 7가지 이상 찾아낼 수 있다.
17						나는 상황에 맞게 내 감정을 자연스럽게 표현할 수 있다.
18						나는 내 꿈을 이루기 위해 지금 해야 할 일을 알고 있다.
19						대화할 때 상대방의 말을 잘 받아 주는 편이다.
20						학교에서 공부한 것을 생활에서 실천해 보려고 노력하는 편이다.
21						나는 내가 좋다.
22						내가 해야 할 일은 힘들어도 불평하지 않고 하는 편이다.
23						내가 하는 공부가 의미 있는 것이라고 생각한다.
24						나는 친구들의 이야기를 잘 들어주는 편이다.
25						나의 말과 행동이 주변 사람들에게 설득력이 있는 편이다.

5: 항상 그렇다, 4: 거의 그렇다, 3: 때때로 그렇다, 2: 거의 그렇지 않다, 1: 전혀 그렇지 않다.

감성지수 결과표

① 자기 인식	내 점수	② 자기 조절	내 점수	③ 목표 설정	내 점수	④ 공감	내 점수	⑤ 사회화	내 점수
1		2		3		4		5	
6		7		8		9		10	
11		12		13		14		15	
16		17		18		19		20	
21		22		23		24		25	
26		27		28		29		30	
총점		총점		총점		총점		총점	

감성지수 영역별 정의

영역	정의
자기 인식	자신의 감정을 알아차리고 그것이 주변 사람들에게 미치는 영향을 이해하는 것
자기 조절	자신의 감정을 조절해서 상황에 맞게 알맞은 방법으로 표현하는 것
목표 설정	목표 달성을 위해 감정을 잘 정리해 나가면서 자신에게 동기를 부여하는 능력
공감	나와 다른 타인의 감정을 인식하고 인정하는 능력
사회화	다른 사람과 감정을 잘 공유하여 원만한 인간관계를 유지하려는 능력

감정 체크-교사

〈감정 단어〉

가. 행복한, 감동한, 기쁜, 즐거운, 상쾌한, 유쾌한, 흐뭇한, 편안한, 만족스러운, 충만한, 흡족한, 뿌듯한, 자신만만한, 자랑스러운, 당당한, 흥미로운, 설레는, 희망찬, 기대하는, 다행스러운, 안도하는, 안심되는, 힘나는.

나. 망설여지는, 부러운, 조마조마한, 걱정스러운, 겁나는, 근심스러운, 긴장되는, 두근거리는, 두려운, 떨리는, 초조한, 불안한, 속상한, 괴로운, 후회스러운, 무기력한, 좌절한, 막막한, 심란한, 부담스러운, 안타까운, 어려운, 힘든, 부끄러운, 지루한.

다. 신경질 나는, 짜증 나는, 화나는, 억울한, 실망스러운, 서글픈, 슬픈, 허무한, 갑갑한, 난처한, 당황스러운, 수치스러운, 창피한, 불만스러운, 불쾌한, 기죽은, 시큰둥한, 절박한, 재미없는, 시시한, 무관심한, 우울한, 귀찮은, 비참한.

※ 다음 괄호 안에 일상에서 느끼는(느꼈던) 감정을 적어 봅시다.

1. 아침에 나는 학교에 들어서면서 (   ) 느낌이 든다.
2. 신발을 갈아 신고 교장선생님과 마주쳐 인사를 할 때면 (   ) 느낌이 든다.
3. 우리 교실 문을 열고 들어서면 나는 (   ) 느낌이 든다.
4. 교실에 있는 학생들을 보면 나는 (   ) 느낌이 든다.
5. 컴퓨터를 켜고 메신저에 로그인을 할 때 나는 (   ) 느낌이 든다.
6. 아침 활동을 하고 있는 학생들을 볼 때 나는 (   ) 느낌이 든다.
7. 1교시 시작종이 울릴 때 나는 (   ) 느낌이 든다.
8. 수업 중에 대체로 나는 (   ) 느낌이 든다.
9. 쉬는 시간에 나는 (   ) 느낌이 든다.
10. 점심시간에 나는 (   ) 느낌이 든다.
11. 전담 수업 시간에 나는 (   ) 느낌이 든다.
12. 우리 반 학생들이 모두 하교하면 나는 (   ) 느낌이 든다.
13. 퇴근 시간이 다 되어 가면 나는 (   ) 느낌이 든다.
14. 퇴근길에 하루를 돌아보면 나는 (   ) 느낌이 든다.

※ 위의 14가지 괄호에 넣은 감정 단어를 세어 보세요.
  가. (   ) 개 / 나. (   ) 개 / 다. (   ) 개

감정 체크-학생

<감정 단어>

가. 행복한, 감동한, 기쁜, 즐거운, 상쾌한, 유쾌한, 흐뭇한, 편안한, 만족스러운, 충만한, 흡족한, 뿌듯한, 자신만만한, 자랑스러운, 당당한, 흥미로운, 설레는, 희망찬, 기대하는, 다행스러운, 안도하는, 안심되는, 힘나는.

나. 망설여지는, 부러운, 조마조마한, 걱정스러운, 겁나는, 근심스러운, 긴장되는, 두근거리는, 두려운, 떨리는, 초조한, 불안한, 속상한, 괴로운, 후회스러운, 무기력한, 좌절한, 막막한, 심란한, 부담스러운, 안타까운, 어려운, 힘든, 부끄러운, 지루한.

다. 신경질 나는, 짜증 나는, 화나는, 억울한, 실망스러운, 서글픈, 슬픈, 허무한, 갑갑한, 난처한, 당황스러운, 수치스러운, 창피한, 불만스러운, 불쾌한, 기죽은, 시큰둥한, 절박한, 재미없는, 시시한, 무관심한, 우울한, 귀찮은, 비참한.

※ 다음 괄호 안에 일상에서 느끼는(느꼈던) 감정을 적어 봅시다.

1. 아침에 나는 학교에 갈 때 (   ) 느낌이 든다.
2. 등굣길에 친구를 만나면 (   ) 느낌이 든다.
3. 우리 교실 문을 열고 들어서면 나는 (   ) 느낌이 든다.
4. 교실에 있는 친구들을 보면 나는 (   ) 느낌이 든다.
5. 교실에서 선생님을 만날 때 (   ) 느낌이 든다.
6. 아침 활동 시간에 나는 (   ) 느낌이 든다.
7. 1교시 시작종이 울릴 때 나는 (   ) 느낌이 든다.
8. 수업 중에 대체로 나는 (   ) 느낌이 든다.
9. 쉬는 시간에 나는 (   ) 느낌이 든다.
10. 점심시간에 나는 (   ) 느낌이 든다.
11. 학교 수업이 모두 끝나면 나는 (   ) 느낌이 든다.
12. 가방을 메고 교실을 나설 때 나는 (   ) 느낌이 든다.

※ 위의 12가지 괄호에 넣은 감정 단어를 세어 보세요.
가. (   ) 개 / 나. (   ) 개 / 다. (   ) 개

교사와 학생들 모두 어떤 감정에 습관적으로 빠지고 있는지, 행여 매일 부정적인 감정만을 느끼며 하루하루 살아가고 있는 학생들은 없는지 살펴볼 일이다. 수업하기 전에 자신의 마음을 그리고 학생들의 마음을 먼저 진단해야 한다.

※ 다음 괄호 안에 일상에서 느끼는(느꼈던) 감정을 적어봅시다.
1) 아침에 나는 학교에 갈 때 (불길한) 느낌이 든다.
2) 등교 길에 친구를 만나면 (불기)한 느낌이 든다.
3) 우리 교실 문을 열고 들어서면 나는 (불기)하다.
4) 교실에 있는 친구들을 보면 나는 (불쾌한) 느낌이 든다.
5) 교실에서 선생님을 만날 때 (재미있는) 느낌이 든다.
6) 아침활동 시간에 나는 (이상)한 느낌이 든다.
7) 1교시 시작종이 울릴 때 나는 (왠지)한 느낌이 든다.
8) 수업 중에 대체로 나는 (불길)한 느낌이 든다.
9) 쉬는 시간에 나는 (불길)한 느낌이 든다.
10) 점심 시간에 나는 (멍)한 느낌이 든다.
11) 학교 수업이 모두 끝나면 나는 (멍)한 느낌이 든다.
12) 가방을 메고 교실을 나설 때 나는 (멍)한 느낌이 든다.

학생 감정 체크 사례

이 학생은 하루 종일 불길하고 이상하고 멍한 느낌으로 살아가는 학생이다. 실제 교실에서도 자신의 감정을 친구들에게 전염시키며 교사를 힘들게 하고 있다. 어릴수록 감정을 행동으로 표현하기 때문에 어떤 형태로든 감정을 표현하는 것은 자기의 마음을 알아 달라는 간절한 몸짓이다. "감정은 무시당할수록 자존감이 낮고 스트레스에 약하다."[13] 이 학생의 감정을 그대로 두고 방치한다면 어떻게 될까? 누가 이 학생에게 따뜻한 손을 내밀고 마음의 소리를 들어줘야 할까? 만약 교사가 이를 간과한다는 교사의 존재 이유는 어디서 찾을 수 있을까?

---

13) 『내 아이를 위한 감정 코칭』, p. 42.

With ①

감성수업이 인성교육에게 길을 묻다_하나

[1] 감성 예절
[2] 감성 도구

1. 나를 위한 감성 예절: 질문하기
〈생각이 질문이다, 질문이 생각이다〉

질문 없는 교실

대한민국의 학생은 갈수록 친절해지는 교과서 덕분에, 거기에 그것을 하나하나 짚어 주시는 꼼꼼한 선생님의 도움으로 크게 힘들이지 않고 교육과정을 이수할 수 있다. 교과서 위주로 복습과 예습을 충실히 하면 시험을 잘 볼 수 있고 좋은 대학도 갈 수 있다. 성적이 좋지 않은 학생도 교과서를 열심히 읽지 않았고 수업 시간에 선생님 말씀을 잘 듣지 않아서이지 수업 시간에 참여만 했다면 교육과정 미이수로 낙제하는 일은 없다.

학생들은 본인이 매일 하고 있는 공부에 대해 깊은 생각을 할 필요가 없는 것이다. 교과서에 나온 대로 선생님의 말씀을 따라 활동하면 별문제가 없는 것이다. 그래서 질문할 것도 질문할 필요도 없다.

생각 없는 교실

주어진 교육과정에 갈수록 친절해지는 교과서로 교사는 그다지 많은 공을 들이지 않아도 교육이 이루어지고 한 시간의 수업을 진행할 수 있다. 교사에게 교육과정 재구성의 자율권을 충분히 주려고 교육과정을 수차례 개정하고 핵심 성취 기준까지 만들었지만 오히려 교실 현장에 혼란만 가중시키고 있는 것은 아닐까 싶다. 그 자율적인 운영권이라는 것이 교육청, 학교, 학년 등의 여러 단계를 거치다 보면 실상 학급을 경영하는 담임교사에 이르러서는 남아 있는 시간이 거의 없다.

이런 환경에서 교사는 생각할 필요가 없다. 그러므로 매일 하고 있는 본인의 업무에 질문할 필요도, 질문할 것도, 질문할 시간도 없다. 왜냐하면 질문은 생각을 해야 생기는 것이기 때문이다. 생각할 필요가 없는 경우 질문은 나오지 않는다. 교사는 그냥 주어진 대로 실수 없이 다른 교사와 균형을 맞춰 가며 생활하면 된다.

질문으로 시작하여 질문으로 끝나는 수업

교육의 목적은 단편적인 지식을 알게 하는 것이 아니라 생각하는 법을 알려 주는 것이다. 생각을 하게 하려면 어떤 방법으로 수업을 해야 할까?

도로시 리즈[14]는 생각을 자극하는 강력한 방법으로 '질문'을 강조한다. 또한 질문을 하면 다른 사람이 나의 생각에 귀를 기울이게 된다고 했다. 질문에 답하면서 자기 스스로 설득이 된다고 했다.

학생활동중심수업은 교사가 준비해야 할 것이 많고 공간의 제약도

---

14) 도로시 리즈, 『질문의 7가지 힘』, 더난출판.

있다. 하지만 질문이 있는 수업은 강의식, 지식 전달식 수업에서 조금의 변화로 가능하다.

  수업을 시작하기 전에 오늘 배울 내용을 질문해서 생각하게 한다. 교과서를 읽기 전에 질문을 주고 읽게 하면 그냥 읽기 전보다 생각을 하면서 읽게 된다. 활동을 시작하기 전에 질문거리를 주고 활동을 하게 하면 그 활동이 학생에게 훨씬 의미가 있어진다. 수업의 마침표도 질문으로 끝내야 한다. 질문이 없으면 학습 결과에 따른 성장도 어렵다.

호기심이 질문이다

  수업에만 질문이 유용한 것이 아니다. 일상생활에서도 호기심이 많은 사람이 질문을 많이 한다. 질문거리를 찾다 보면 당연히 호기심도 많아진다. 주객을 따지기 전에 매일 반복되는 일상이지만 자꾸 질문거리를 찾다 보면 생각이 생기고 호기심이 생긴다. 세상의 위대한 발명과 발견은 모두 호기심에서 비롯되었다고 해도 과언이 아니다. 즉 질문하지 않는 사회는 위대한 사회가 될 수 없다.

> ● 질문의 종류 ●
> ① 사실 질문 : 눈에 보이는 것을 묻는 질문
>   예) 단어의 뜻, 문장의 뜻, 본문의 내용 묻기
> ② 생각 질문 : 살짝 감춰진 것을 묻는 질문
>   예) 글의 맥락, 내용 뒤에 숨은 이유, 표현의 숨은 의미
> ③ 마음 질문 : 잘 보이지 않는 것을 묻는 질문
>   예) 글쓴이의 관점, 의도, 작가나 주인공의 마음, 감정

질문의 종류 칠판 게시 자료

세 가지 질문의 종류

질문의 종류에 대한 이론은 아주 많다. 사실 질문, 상상(추론, 유추) 질문, 적용 질문으로 나눌 수도 있고, 회상적 질문, 수렴적 질문, 확산적 질문, 가치형 질문으로 나누는 경우도 있다. 그런데 학생들이 가장 쉽게 이해할 수 있는 용어는 무엇이고, 질문을 통해 감성을 키우는 방법은 무엇일까를 고민하다가 위와 같은 질문의 종류를 제안하게 되었다.

감성을 키우는 수업에서는 마음을 묻는 질문이 중요하다. 마음이라는 것도 텍스트 속 인물이나 대상의 마음을 묻는 질문도 있겠지만 나의 마음을 묻는 질문도 중요하다. 오늘 공부한 내용이 나에게 어떤 의미로 다가왔는가를 묻는 질문이 마음 질문이라고 학생들과 약속하고, 질문의 종류 세 가지를 골고루 사용하여 수업을 진행하도록 한다.

핵심 질문

교사가 질문하고 학생이 답하는 수업에서 학생들에게 질문을 만들어 보게 하면 수업에 활기가 넘친다. 질문을 하면서 친구들과 함께 답을 찾을 수 있도록 교사가 기다려 주면 아이들의 마음에 신뢰를 쌓아가는 소리가 들린다.

하지만 주의할 점이 있다. 학생들이 질문을 만들 때 창의적인 생각으로 다양한 질문을 만들어 활기가 있는 것은 좋으나 재미만 있어서 장난으로 질문을 만들 때가 있다. 또 사실이나 생각 질문보다 마음 질문이 더 좋은 것으로 생각되어 마음 질문에 치중할 때가 있다. 이때

"오늘 학습 목표와 관련된 핵심 질문이 무엇일까요?"라는 발문이 필요하다. 핵심 질문이란 학습 주제에 맞는, 학습 목표에 도달하는 데 꼭 필요한 질문을 말한다. 질문이 수업 시간에 생각을 자극하는 좋은 방법이지만 의도적이고 계획적인 활동인 교육에서 학생들이 만든 모든 질문을 수용하기에는 한계가 있다. 그러므로 핵심 질문을 비롯한 세 가지 질문의 종류에 대한 기본 교육이 중요하다.

질문의 필요성과 질문하는 법은 'How: 감성수업이 인성교육의 길을 가다' 편에서 확인할 수 있다.

2. 타인을 위한 감성 예절: 아하 대화법
〈아하? 아하~ 아하!〉

웃음은 어디로?

행복하면 저절로 얼굴에 살며시 밝은 미소가 퍼진다. 그 미소는 행복 바이러스가 되어 주변 사람 모두를 전염시킨다. 주로 초등학교 저학년 교실에서는 미소가 많고 웃음이 둥실둥실 떠다니는 느낌이 난다. 그러나 고학년으로 갈수록 미소는커녕 무표정으로 앉아 있는 학생들 숫자가 많아진다. 그뿐인가! 중고등학생들 교실에 가 보면 무표정이 무기력이 되어 아예 엎드려 있는 학생들도 상당히 많다. 그들은 마음의 상처를 잘 치료하지 못한 상태로 방치해 두어 영영 마음을 닫게 되면서 무표정과 무기력한 상태가 된 것이 아닐까?

아하 대화법

'아하 대화법'을 수업 장면에서 보시고 시인이자 현직 교장선생님께서 시 한 편을 써 주셨다. 시인답게 감성수업이 추구하는 핵심을 정확하게 보신 것 같다. 듣기만 했는데, 고개만 끄덕였는데 둘이 빙그레 통하는 그 마음을 느끼는 게 감성수업의 지향점이기 때문이다. 또 감성수업은 마음의 힘을 기르는 데 초점을 두고 있기 때문이다.

그러나 학생들은 수업 시간에 고개를 끄덕여 주거나 "아하, 그렇구나!"라고 말하는 것을 부끄러워한다. 자주 해 보지 않아 익숙하지 않기 때문이다. 그러므로 교사와 학생, 학생과 학생들 사이에 마음을 나눌 수 있도록 감성수업의 예절을 공부하고 몸에 익힐 수 있도록 연습해야 한다. 운동경기에서 규칙을 지키기 위해 일정 기간 연습하는 것처럼 수업에서도 예절을 지키기 위해 일정 기간 동안 연습이 필요하다. 이 예절이 지켜지지 않으면 오히려 마음에 상처를 더 아프게 낼 수도 있다.

'아하 대화법'의 기원

'아하 대화법'은 '말로 모건'이란 의사가 호주 원주민 부족의 중요한 행사에 참석하는 과정에서 얻은 그 깨달음을 적은 『무탄트 메시지』라는 책에서 소개하고 있는 원주민들의 대화 방법에서 아이디어를 얻었다. '참사랑 부족'이라 불리는 호주 원주민들은 오랜 세월 동안 그들의 삶의 터전인 숲을 파괴하지도 않고, 어떤 오염 물질도 자연 속에 내놓지 않으면서도 풍부한 식량과 안식처를 얻을 수 있었다. 그들은 창조적이고 건강한 삶을 오래도록 산 뒤 영적으로 충만한 상태에서 이 세상을 떠났다고 기록되어 있을 정도로 우리가 배울 점이 많다. 그중에서도 특이한 점은 그들은 우리처럼 생일을 축하하지 않는다. 자신이 무엇인가를 연구하거나 관찰해서 성취하게 된 날, 자랑스러운 날을 어린이 스스로 정하면 온 부족이 모여 우리의 생일처럼 축하한다. 그 성

> 아하, 그렇구나
>
> 정병도
>
> 화난 친구 이야기　　　　듣기만 했는데
> －그랬구나.　　　　　　고개만 끄덕였는데
>
> 슬픈 친구 이야기　　　　서로 통하는 마음
> －그렇구나.　　　　　　둘이 빙그레
>
> 기쁜 친구 이야기
> －아하, 그렇구나.

취의 크기 유무나 진실 여부에 상관없이 그저 감탄과 칭찬, 격려를 '아하 대화법'으로 했다.

그래서 이 원주민의 대화 방법처럼 수업 장면에서 상대방이 말할 때 "아하"라고 감탄사를 넣어 주며 칭찬과 격려의 눈빛을 주는 것만으로 서로 마음의 힘을 길러 주고자 했다. '아하 대화법'을 구조화하여 학생들에게 설명하기 위해서 세 가지 원칙(침묵, 경청, 감동)을 제시하여 일 년 내내 교실 칠판 한쪽에 게시하였다.

'아하 대화법'의 적용

의사소통 과정이 말하는 사람보다는 듣는 사람의 태도에 따라 결정된다는 점에서 '아하 대화법'은 타인을 위한 감성 훈련에 효과적이다. 의사소통 능력을 기르기 위해 '아하 대화법'은 침묵, 경청, 감동의 세 가지를 구조화하여 수업 시간에 활용한다.

(1) 침묵

첫째, 친구들의 말에 끼어들지 말고 끝까지 들어주어야 한다. 친구의 발표 중에 끼어들어 말을 끊거나 틀린 것을 바로잡기 위해서 가르치려 하는 경우가 있는데 이것은 말하고 있는 친구 입장에서 보면 맥이 풀릴 수 있고 감정이 상하기까지 한다. 비록 서툴고 논리적으로 맞지 않은 이야기를 해도 끝까지 듣다 보면 그 친구가 진짜 말하려는 핵심을 알 수 있다.

특히 모둠 활동 중에 공부를 잘하거나 말하기를 잘하는 학생들이 머뭇거리거나 소극적인 친구들의 말을 들어주지 않고 혼자 이끌어 가는 경우가 많다. 그렇게 되면 늘 공부를 잘하는 학생 몇 명 위주로만 수업이 진행된다. 교사는 학생들이 모둠 활동을 할 때 어떤 학생들이 침묵하지 않고 끼어드는지 살펴야 한다. 그래야 반 전체 학생들이 함께 참가하는 의미 있는 수업이 진행된다.

(2) 경청

경청傾聽에서 청聽(들을 청)을 한자로 풀이해 보면 왕의 귀(耳+王)처럼 귀 기울여 듣고, 열 개의 눈(十+目)으로 자세히 보며 나와 상대방의 마음을 하나로(一+心) 모아 대하라고 해석한다고 한다.[15] 누구를 만나든지 왕이 모든 백성의 소리를 귀로 듣듯이 편견과 선입견 없이 들어야 하는데 교실에서 아이들은 그렇지 않다. 상대방의 생각을 그대로 받아들여야 하는데 자신이 듣고 싶은 대로 듣는 경우가 많다. 그래서 듣는 자세, 듣는 태도, 듣는 방법을 체계적으로 알려 주기 위해 바르게 듣기, 생각하며 듣기, 메모하며 듣기 순서로 체계적으로 다가서

---

15) 『명사들이 다시 쓴 무지개 원리』 중 김인(현 삼성 프로야구팀 사장)의 글.

야 한다. "잘 들어야지!"라는 교사의 백 마디 말보다 어떻게 잘 들을 것인지를 구체적으로 알려 주고 익히는 것이 효과적이다.

① **바르게 듣기** 초등학교에서는 '허리는 세우고 손은 무릎, 눈은 선생님'이란 구호를 삼총사라고 하여 몸에 익히게 했다. 허리를 세우게 하는 것은 성장하고 있는 아이들에게 아주 중요한 자세임을 알려 주면 키 크고 싶은 학생들의 반응이 좋았다. 중고등학교에서는 구호는 외치지 않아도 선생님은 이런 자세를 원하고 예절이라는 것을 알려 주는 것이 좋다.

② **생각하며 듣기** 생각하며 듣기는 일단 상대방의 생각을 먼저 들을 줄 알아야 한다. 친구의 생각을 다 듣기도 전에 오답을 판정하듯 대화를 시작하면 대부분 논쟁이 되거나 마음의 상처를 주게 된다. 친구의 의견을 먼저 융통성 있게 들은 다음, 내 생각과 어떤 다른 점이 있는지, 어떤 점이 비슷한지, 어느 부분에서 공감하는지, 어느 부분에 질문이 있는지를 자꾸 생각하는 활동을 하면 좀 더 그 친구의 마음을 읽는 데 도움이 되고 편견에 빠지지 않는다.

③ **메모하며 듣기** 학생들에게 메모하며 들으라고 하면 거의 모든 학생들이 일단 모든 문장을 받아 적는다. 교사는 핵심 문장과 핵심 낱말을 어떻게 구별하는지 하나하나 가르쳐 줄 필요가 있다. 하나의 문장 또는 한 문단에서 제일 중요한 낱말을 찾아보는 활동을 자주 하면 친구와 대화, 선생님의 수업 중에도 낱말로 쓸 수 있는 능력이 생긴다. 좋은 방법 중 하나는 하나의 텍스트를 들려주고 내용의 양에 따라 핵심 낱말을 5개에서 10개 정도를 찾아보게 한다. 그리고 그 낱말을 이용해서 다시

텍스트를 입말로 만들어 보고 문장으로도 써 보게 하는 활동이 있다. 이 활동은 핵심 낱말 몇 개만 가지고도 전체 내용을 간추릴 수 있으므로 메모하며 듣기 과정을 연습할 수 있다.

(3) 감동

제일 중요한 것은 마음으로 듣기(감동)이다. 발표하는 친구를 위해 고개를 끄덕여 주거나 따뜻한 눈빛을 주거나 "아하, 그렇구나!" 추임새를 넣어 주는 것을 의도적으로 연습시키는 것이 좋다. 행복해서 웃는 것이 아니라 웃다 보면 더 행복해지는 것처럼 이해가 되어서 고개를 끄덕이고 추임새를 넣는 게 아니라, 고개를 끄덕이고 추임새를 넣는 활동을 하다 보면 친구의 발표 내용을 훨씬 더 빠르게 이해할 수 있는 것이다.

'아하 대화법' 게시 자료

마음으로 들어주기 단계를 지도하다 보면 듣는 학생들의 태도뿐만 아니라 발표하는 학생들도 그 에너지를 받아 자신 있게 발표하게 되는 힘이 생긴다.

① **따뜻한 시선** 잘 듣기 위해서는 제일 먼저 상대방을 따뜻하게 바라보아야 한다. 자기를 바라보지 않는 상대방을 위해 자신의 이야기를 잘 표현하고 싶은 사람은 없다. 따뜻한 시선으로 바라봐 주는 것만으로도 상대방은 본래 자신이 하고 싶었던 이야기보다 더 진지하게 대화를 이끌어 갈 수 있다.

② **고개 끄덕임** 상대방이 말을 할 때 그 말을 듣고 있음을 보다

적극적인 반응으로 고개를 끄덕여 주는 것이다. 이것은 사람에게 힘을 실어 줄 수 있다. 처음에는 어색할 수 있으나 연습을 하다 보면 고개를 끄덕이는 것만으로 공감지수가 높아진다.
③ **맞장구** 상대방의 말에 공감과 이해의 표현으로 맞장구를 쳐 준다. "아하, 그렇구나!", "그래~~?" 등의 추임새를 넣어 주는 것을 의도적으로 연습시키는 것이 좋다.

(4) 아하 대화법 연습하기
① 3명이 한 모둠으로 구성
② 가위바위보하여 말하는 사람, 듣는 사람, 관찰하는 사람으로 나누기
③ 수업 주제에 따라 말하는 사람과 듣는 사람이 대화를 하기
④ 관찰하는 사람은 말하는 사람과 듣는 사람의 장점 찾아 칭찬해 주기
⑤ 다 끝나면 역할 바꾸기(2, 3라운드)

세상에서 가장 아름다운 소리는 "책 읽는 소리"라는 광고 멘트가 있다. 그렇다면 교실에서 가장 아름다운 소리는 뭘까? 학생들의 입에서 "아하~ 그렇구나!"라고 자연스럽게 나오는 소리가 아닐까? 이것은 내가 상대방과 함께하고 있다는 공감의 표현이다. 수업에서 "아하~ 그렇구나!" 학생들의 깨달음 소리를 듣게 되면 가르치는 선생님은 신이 날 것이고 발표하는 친구들은 자신감을 더 얻게 될 것이다. 선생님과 친구를 통해 자신과 다른 생각들을 '아하 대화법'을 활용하여 들어주는 예절을 갖춤으로써 함께 마음의 힘을 기르는 따뜻한 수업이 되면 좋겠다.

With ②

감성수업이 인성교육에게 길을 묻다_둘

[1] 감성 예절
[2] 감성 도구

1. 마음을 열어 주는 감정카드

『훌륭한 교사는 무엇이 다른가 What Great Teachers Do Differently』토드 휘태커. 2009라는 책에는 "훌륭한 교사의 특징 중 하나는 행동과 믿음이 감정과 연계되어 있으며, 감정에는 변화에 불을 지피는 힘이 있음을 이해하는 것"이라는 언급이 등장한다.[16] 학생들의 생각과 행동을 변화시키고자 하는 데 감정이 밀접하게 관계되어 있음을 학교 현장에서 실감한다. 모범 학생들의 대부분은 감정적으로 안정적인 상태를 유지하는 데 비해 학교 폭력과 왕따 등의 심각한 문제를 일으킨 학생들의 공통점은 그들의 감정을 다루는 데 실패하는 경우가 많다. 아울러 교육 전반에 인성교육이 화두가 되어 있는 현실에서 학생들의 감정을 알아차리고 어루만져 줄 수 있는 역량은 교사에게 꼭 필요하다.

하지만 학생들은 자신의 감정 표현에 익숙하지 않고 교사들은 수업 현장에서 학생들과 감정을 나누고 공감하는 일이 쉽지 않다. 학생들과 마음을 나누기 위해 교사들은 노력하고 있지만 손에 잡히는 방법이 없다. 인성교육을 시작할 수 있는 출발점, 감정교육을 어떻게 접근해야 할까?

---

16) 토드 휘태커, 송형호 옮김, 『훌륭한 교사는 무엇이 다른가: 그들의 14가지 특성에 대한 탐구』, 지식의 날개, 2014, p. 201.

학계에서 발표된 논문을 살펴보면 감정의 종류가 많게는 800여 개에서 350여 개가 된다고 한다. 그런데 학생들에게 감정을 물어보면 겨우 '좋다, 나쁘다, 기쁘다, 짜증 난다' 등의 대표되는 감정 표현만 할 뿐이다. 이렇게 밖으로 나타나는 표층 감정 안에 숨겨져 있는 심층 감정들도 많을 텐데 어디에서도 감정교육을 받지 못한 학생들은 얼마나 감정이 소중한 것인지, 어떻게 조절해야 하는지, 다른 사람의 감정은 무엇인지 생각도 못하고 바쁜 하루 속에서 마음을 살필 여유가 없이 살아가고 있다.

학생들은 놀이의 천재이다. 감정을 카드로 만들어서 놀이처럼 하면 어떨까? 마음속에 있는 감정들을 카드로 만지고 표현해 보고 놀면서 감정과 가까워진다면 자신의 정확한 감정을 표현하게 될 것이다. 또한 다른 친구의 감정을 알아차리고 공감하게 된다면 인성교육은 자연스럽게 진행되지 않을까? 또한 사용 방법이 간편한 감정카드와 쉽게 따라 할 수 있는 수업안이 학생들과 소통을 원하는 교사에게 제공된다면 학생들의 마음을 여는 열쇠가 되지 않을까라는 기대를 해 본다.

기존 자료와의 차별성

기존의 감정카드는 글씨와 이모티콘으로 상자 안에 카드가 차곡차곡 쌓여 있어 1:1 상담 시간에는 활용이 가능하나 교과 수업 시간에 즉각적으로 사용할 수 없는 단점이 있다. 반면, 감정카드는 접이식으로 한눈에 30가지 감정을 볼 수 있으므로 1:1 상담 시간뿐만 아니라 수업 시간에도 쉽게 사용할 수 있다. 감정 표현에 어려움을 겪는 학생들에게 흥미를 자극하여 참여도를 높일 수 있다.

감정이 그림과 글씨로 표현되어 있어서 감정을 잘 인식하지 못하거나 글씨를 모르는 사람, 다문화 학생들, 한국어 해득이 어려운 외국인, 특수 아동 등 다양한 계층에서 활용이 가능하다. 감정카드 뒷면에 감정에 대한 사전식 설명이 있어 감정을 정확히 인식하는 데 도움이 된다. 초, 중, 고 수업 시간에 학생들의 감정을 인식하는 출발점 고르기나 수업 내용에 대한 학생들의 감정, 수업을 마치고 나서 학생들의 감정 상황을 표현하는 데 활용할 수 있다. 또한 친구관계, 가족관계, 교사학생관계, 교사집단관계 등에서 감정을 인식하고 공감하는 도구로 사용할 수 있다.

마음을 열어 주는 감정카드의 구성

KISS(Korean Information Service System)를 통해 키워드 '정서 단어' '정서 어휘'로 논문을 검색한 결과 추출된 논문 중 정서 단어를 분석하여 학업 정서와 관계된 5편의 논문을 참고하였다.

5편의 논문들은 각각 53개, 213개, 834개, 434개, 265개의 정서 단어를 한국인의 정서 및 정서 표현으로 정리하고 있다. 이들은 우리말 중 '감정'이나 '정서'를 표현하는 단어를 찾는 과정에서 각 단어가 정서나 감정에 어느 정도 적절한지를 다양한 방법과 여러 절차를 통해 검증하여 우리말 정서 목록으로 제시해 놓았다.

이들 연구가 최종적으로 선택했던 정서 목록을 출발점으로 하여 '학업 상황에 적합한 정서'를 추출하는 작업을 실시하였다. 그 결과 학생들이 가장 가깝게 느낄 수 있는 정서를 29개 추출하였고 이 과정을 거쳐 추출된 학업 정서는 긍정적 정서와 부정적 정서가 약 1:2의

감정카드 표(29장의 감정카드와 1장의 빈 카드)

1 행복하다	2 감동하다	3 즐겁다	4 자랑스럽다	5 만족스럽다	6 자신만만하다
7 안심되다	8 힘나다	9 설레다	10 망설여지다	11 조마조마하다	12 막막하다
13 불편하다	14 부담스럽다	15 당황스럽다	16 안타깝다	17 불안하다	18 두렵다
19 어렵다	20 힘들다	21 후회스럽다	22 속상하다	23 부끄럽다	24 분하다
25 슬프다	26 짜증 나다	27 우울하다	28 귀찮다	29 비참하다	30 빈 카드

비율을 나타내었다. 외국 논문(Johnson-Laird와 Oarley[1989]) 등에서 인간의 기본 정서에 있어 부정적 정서가 긍정적 정서보다 더 많다는 것을 뒷받침해 주고 있다.

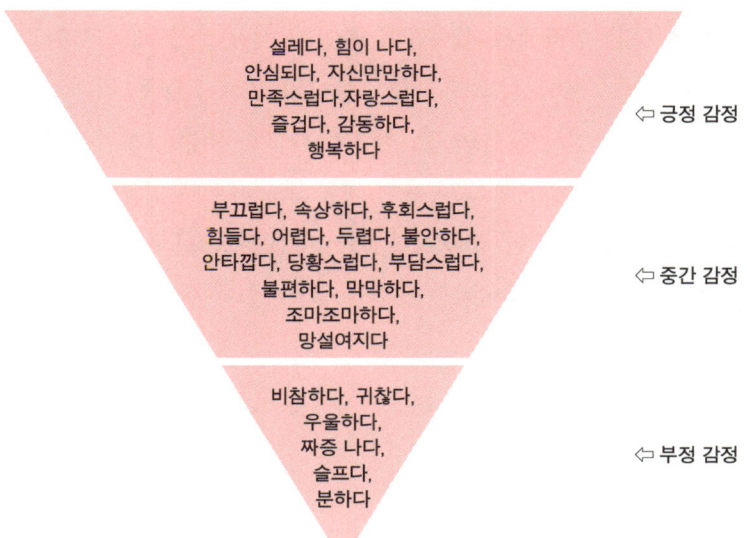

그리고 다른 정서 분류 과정처럼 긍정적, 부정적 정서로 구분할 뿐 아니라 '불안'을 중심으로 하는 중간적인 감정에 의미를 두고 주목하

였다. '10 망설여지다'부터 '23 부끄럽다'까지는 불안한 마음의 비슷한 종류인 중간 감정이라고 분류하였다. 학생들이 중간 감정을 어떻게 인식하고 조절하느냐가 교육적으로 굉장히 중요하다고 여기기 때문이다. 무의식적으로 뇌는 나에게 이로운 것을 선택하는 것이 아니라 그저 평소에 유지했던 익숙한 상태를 필사적으로 지키려고 한다.[17] 뇌는 습관이 된 감정을 더 확대하고 강화한다고 한다. 뇌가 '불안'이라는 감정에 습관이 들어 있으면, 우리는 불안을 유발하는 일에 더 신경을 쓰고, 안 좋은 일이 발생하면 실제보다 훨씬 큰 걱정과 불안을 느끼게 된다는 것이다. 반대로 행복이란 감정에 습관이 들어 있으면, 기분 좋은 일이 발생했을 때 뇌는 훨씬 큰 관심을 두며 그 느낌을 확대해서 받아들인다는 것이다. 그러므로 '감정은 습관이다'라고 주장한다.

따라서 수업 현장에서 학생들이 불안 감정을 스스로 인식하고 잘 조절할 수 있는 힘을 갖도록 하는 것, 수업 목표 달성을 위해 감정을 바람직하게 선택하도록 돕는 것, 친구의 감정을 공감하고 마침내 사회화에 이바지할 수 있도록 교육하는 것이 교사의 역할이 될 것이다. 그로 인해 학생들은 주변 상황이나 본인의 노력으로 부정적인 감정을 긍정적인 감정으로 승화시키는 경험을 할 수 있게 된다.

---

17) 박용철, 『감정은 습관이다』, 추수밭, 2013, p. 20.

• 교과 수업에서의 적용

모든 수업 과정에서 사용할 수 있는 예시

과정	질문
	감정카드로 자신의 감정 내보이기
1. 수업 시작	• 개인별로 감정카드를 한 세트씩 가진다. • "현재 나의 감정을 표현해 주세요"라고 교사가 질문한다. • 솔직한 자신의 감정을 들어 보인다. • 긍정적인 감정을 들어 올린 학생에게는 눈빛으로 인사한다. 부정적인 감정을 들어 올린 학생에게 조용히 다가가 감정을 다시 되물어 주면서 교사가 학생의 감정을 알아차리고 있음을 알려 준다. * 수업 출발 전에 모든 학생들의 감정을 교사가 알아차림으로써 학습 전 출발점을 고르게 한다.
	발표를 잘하는 학생 중심이 아닌 모든 학생 중심 수업 갖기
2. 수업 중	• 교사의 관점 바꾸기(학습을 잘 따라가는 학생과 못 따라가는 학생으로 구분하지 않고 학습 상황을 어떻게 받아들이는지 감정을 알아차리기 위해 노력하게 된다.) • 학생들의 관점 바꾸기(친구들을 비교나 경쟁의 대상으로 보지 않고 그 친구의 감정을 들여다보게 되어 인정하고 서로 이해하게 된다.) * 다양한 수업 장면에서 적용 가능하다.
	감정과 결부된 기억은 오래간다
3. 수업 마무리	• 수업 시간에 새롭게 알게 된 사실, 어려웠던 점, 재미있었던 점 등을 감정과 결부해서 생각한다. • 짝, 모둠, 전체 친구들에게 발표함으로써 기억이 오래가도록 도와준다. • 복습할 수 있도록 학습장에 기록한다. * 개인 문장을 연결하여 모둠 이야기를 만들어도 좋다.

도덕과 5-1-2. 감정은 소중한 내 친구(1~4/4) 수업 예시

이 단원은 교육과정상 도덕적 주체로서의 나 영역 중에서 '감정 조절과 표현'을 주제로 다룬다. 자신의 흥분, 분노, 충동, 욕구 등을 민감하게 인식하면서 이를 잘 다스리고 적절히 발휘하는 힘을 기르고자 하는 단원이다. 단순한 감정 관리 차원을 넘어 자신을 적절히 다스리면서 바람직한 감정을 길러 가도록 하는 것이 지도의 핵심이다.

그러나 수업 장면에서 교과서 텍스트 위주의 수업이 진행하는 경우가 많다. 밥을 먹을 때 숟가락과 젓가락 등 도구가 필요하듯이 감정 단원 공부를 할 때 감정카드는 도구로 사용할 수 있다. 감정의 종류를 알아보기, 나의 감정과 친구의 감정을 찾아보기, 친구의 감정을 공감할 수 있는 활동에서 감정카드는 훌륭한 도구 역할을 할 수 있다. 마음속에 보이지 않는 감정을 감정카드를 사용하여 꺼내어 보고 친구에게 보여 주는 활동은 나의 감정을 인식하고 친구들의 감정과 다른 점을 깨닫게 하기 때문이다.

주제통합 수업 예시

한 가지 주제를 여러 교과에서 추출하여 함께 구성하고, 수업을 진행하는 주제통합 수업에서 다양한 방법으로 사용 가능하다. 실제 '인성교육 중심 수업의 실제'라는 주제로 음악과와 도덕과의 주제를 통합하여 수업을 진행했다.

음악 감상을 통하여 자신들의 감정에 푹 빠지도록 한 다음 친구들의 감정과 작곡가의 감정을 감정카드를 사용해 알아보게 한다. 비탄에 잠긴 작곡가의 감정이 만들어 낸 음악이 100년이 지난 지금까지도 사랑받는 이유를 알아 감으로써 인간이 가진 감정이 소중함을 깨닫게 하고자 했다. 또한 그 감정을 존중하는 과정을 거쳐 인성교육이 자연스럽게 이루어지도록 하였다.

- 창의적 체험활동 수업에서의 적용

심리학자 대니얼 골먼의 『감성지능 EQ』라는 책을 살펴보면 그동안 널리 퍼져 있는 지능IQ 관점들이 사실은 편협된 것이고, 인생에서의 성공을 보장하는 핵심적 능력과는 아무 관련이 없다는 것을 알게 된다. 또한 인간의 감성지능은 태어날 때부터 정해지는 것이 아니라 교육에 의해 상승시킬 수 있다고 주장한다. 그가 주장하는 감성지능의 5가지 단계는 자기 인식, 자기 조절, 목표 설정, 공감, 사회화이고 이것은 결국 자신과 타인의 감정을 현명하게 다루는 능력 감성지능 혹은 감성지수로 표현하고 있다.

그래서 창의적 체험활동 시간에 학생들에게 5가지 감성지능을 향상시킬 수 있도록 자기 인식 중심 수업, 자기 조절 중심 수업, 목표 설정 중심 수업, 공감 중심 수업, 사회화 중심 수업을 2학년부터 6학년까지 진행해 보았다. 학생들은 색다른 수업 활동에 처음에는 어색해하였지만 시간이 흐를수록 집중하는 모습을 보여 주었다.

• 학생 및 학부모 상담에서의 적용

학생에 대한 이해가 필요할 때나 친구관계에서 서로에 대해 불편한 감정을 구체적으로 표현하기 어려울 때에 적절한 감정카드를 골라 상담을 진행할 수 있다. 또래 상담 활동을 할 때에도 또래끼리 똑같은 상황에 대해 서로 다른 감정카드를 선택하여 마음을 표현하게 되면 사람마다 감정이 다를 수 있음을 인식하게 되고 타인의 감정을 공감해 줄 수 있다.

학부모와 상담을 진행할 때에도 자녀의 학업이나 생활태도에 대한 부모의 마음을 감정카드로 표현해 보게 함으로써 자연스럽게 소통의 문을 열 수 있다. 교사는 학부모의 감정이 표현된 구체적인 상담을 진행할 수 있으므로 스스로 해 나가고 있는 자녀교육에 대한 부모의 현재 감정 및 관점 이해를 바탕으로 맞춤형 학부모 상담 활동을 전개할 수 있다.

- 감정카드 놀이에 적용

감정카드는 아침 활동 시간이나 놀이 시간, 분위기 전환이 필요한 시간 등에도 자유롭게 활용할 수 있다. 아침 활동 시간에 자신의 감정을 교사와 친구들에게 카드로 보여 주면 중간 감정이나 부정적인 감정을 가진 친구들 손잡아 주기, 눈으로 인사하기, 짧은 편지 쓰기 등으로 마음을 공감해 준다. 감정을 카드로 직접 제시하지 않고 말없이 행동만으로 표현하여 감정을 알아맞히는 마임놀이로 진행할 수도 있다.

2. 내 마음의 보석, 가치카드

생활지도에 많은 에너지를 쓰는 현실

자기밖에 몰라 발생하는 소소한 다툼들, 감정 조절 능력이 부족하여 작은 일에도 쉽게 흥분하는 학생들, 자기 자신을 돌아볼 여유가 없으니 모든 잘못을 친구의 잘못으로 돌리는, 성장의 기초가 무너진 것 같은 우리 교육의 모습들…….

학교 폭력, 고질적인 집단 따돌림 문제, 사이버 테러 등 교육계에 비상이 걸렸다. 거시적으로 보면 그렇고 미시적으로 단위 학급을 살펴보면 이슈가 될 만한 큰 사건이 없을지라도 교사는 생활지도에 너무 많은 에너지를 쏟고 있는 것이 현실이다.

꼬리에 꼬리를 무는 질문들

이 모든 것이 지식 위주의 암기식 교육 평가의 폐해이고 경쟁을 부추기는 교육정책 탓이라고 치부하며 교사의 에너지를 생활지도에만 쏟다 보면 교사의 수업 전문성은 어떻게 찾아가지?

존중, 배려, 공감, 협동, 정직 등의 인성 덕목을 교과에 자연스럽게 녹여내며 바른 인성을 가진 인재를 육성하라는데 그것이 가능한 걸까? 교육의 현실과 교육정책 탓만 하는 교사는 친구와 다투고 나서 남 탓만 하는 학생들과 뭐가 다른가? 가정과 사회 전반의 협력 교육 없이 교사만의 인성교육으로 학생들의 인성이 좋아지는 걸까?

이런저런 의문들에 명확한 답을 찾아낼 수는 없지만 당장 교실에서 학생들과 수업하고 생활을 해야 하는 대한민국의 교사로서 나만의 대처법은 절실하게 필요하다.

가치카드 칠판 게시 장면

가치카드를 만나다

그 무렵 미덕의 언어로 만드는 아름다운 세상을 꿈꾸는 한국버츄 프로젝트의 철학은 나에게 사막의 오아시스 같은 단물이었다. 평소에 말의 힘, 언어가 가진 매력을 알고 있었기에 더욱더 매달리고 싶었다. "언어로 만드는 아름다운 교실", "언어로 하는 인성교육" 등이 가능하리라는 희망으로 버츄 프로젝트 워크숍에 참여하여 많은 것을 배웠지만 그것을 교육과정에 녹여내는 작업은 오롯이 나(교사)의 몫이었다. 교과 지도와 창의적 체험활동을 본질에 맞게 지도하면서 바른 인성을 길러 내는 것이 모두 교사의 책임이듯이……

한국버츄프로젝트에서는 모든 인간의 내면에는 수많은 미덕이 잠재되어 있다고 말한다. 그래서 그 미덕을 일깨우고 연마하게 하는 작업을 인성교육이라고 정의한다. 역사적으로 수많은 학자들이 연구하여 인류 사회의 보편적 가치로 360여 가지 미덕을 발견했다. 한국버츄프로젝트에서는 그 가운데 여러 선정 절차에 따라 1년 52주에 따른 52가지 미덕을 선택하였다. 각각의 미덕을 주별로 실천할 수 있는 프로그램을 만들었는데 그것이 바로 버츄 프로젝트이다.

버츄 프로젝트가 교사에게 주는 시사점은 모든 인간의 내면에 모든 미덕이 있다는 것이다. 다시 말하면 우리 학급 모든 학생의 내면에 위에서 말한 아름다운 미덕들이 가득하다는 것이다. 아무리 악해 보이는 학생도 어떠한 문제아도 모두가 마음속에는 다 가지고 있다는 것이다. 이것은 학생들을 바라보는 관점을 희망으로 시작할 수 있게 해 준다. 더구나 세계적으로 유명한 영적 스승이자 『의식 혁명』의 저자 데이비드 호킨스는 우리가 이런 가치 용어들을 읽는 것만으로도 이전과 다른 사람이 되어 간다고 말했다. 즉 읽는 것만으로도 좋은 에너지를 얻고 정신적으로 성장한다는 것이다.

사람 사이에서 일어나는 많은 다툼들은 서로가 서로를 잘 몰라 공감하지 못해서 발생한다. 아무리 악한 죄인이라도 그 배후를 살펴보면 가정환경이 그러했고 학교에서 존중받지 못했으며 사회에서 인정받지 못한 경험들이 누적되어 발생하는 경우가 거의 대부분이다. '죄는 미워해도 사람은 미워하지 말라'는 격언이 있는 이유도 거기에 있지 않을까? 학교에서 자주 문제를 일으키는 학생의 말과 행동을 교정하려고 많은 수고를 해 본 경험이 있는 교사라면 그것이 얼마나 힘들고 어려운 일인지를 잘 알고 있을 것이다. 하지만 그 학생의 지금의 모습을 있게 한 여러 가지 주변 환경들을 보면 그 문제가 문제로 보이지 않고 결과로 보이는 경험도 해 보았을 것이다. 즉 모든 문제는 문제 자체가 문제이지 사람은 절대 문제가 될 수 없다. 왜냐하면 모든 사람의 내면에는 아름다운 미덕인 존중, 배려, 공감 등의 보석들이 가득하기 때문이다. 단지 그것들을 스스로 인식하지 못했고 연마하지 않았으며 유해한 환경에서 사용하는 법을 배우지 못한 것이다. 그러다 보니 가지고 있는 본성과 반대되는 말과 행동으로 본의 아니게 자신과 타인에게 피해를 주게 된다.

성선설을 믿는 교사, 자아 존중감이 높아지는 학생들

서양의 피그말리온 효과, 플라시보 효과, 동양의 성선설은 교사의 내면에 힘을 주고 희망을 품을 수 있도록 만든다. 교사가 모든 인간은 태어날 때 착한 미덕이 가득 담긴 광산을 갖고 태어난다는 인간관을 가지고 있다면, 교사는 학생들이 마음의 광산에서 스스로 보석을 찾아 연마할 수 있도록 도와주고 지지해 주는 후원자가 되는 것이다.

자신을 믿어 주고 신뢰하는 교사와 함께 생활하는 학생들은 자기 자신을 진심으로 사랑하게 된다. 교과 공부하듯이 인성교육도 자기 성찰을 통해 스스로 습득할 수 있게 된다. 그러다 보면 자아 존중감은 자연스럽게 높아질 것이다.

내 마음의 보석카드를 만들다

버츄 프로젝트에서 말하는 가치는 52가지이다.

> 감사, 배려, 유연성, 창의성, 결의, 봉사, 이상, 품위, 책임감, 겸손, 사랑, 이해, 청결, 관용, 사려, 인내, 초연, 근면, 상냥함, 인정, 충직, 기뻐함, 소신, 자율, 친절, 기지, 신뢰, 절도, 탁월함, 끈기, 신용, 정돈, 평온함, 너그러움, 열정, 정의로움, 한결같음, 도움, 예의, 정직, 헌신, 명예, 용기, 존중, 협동, 목적의식, 용서, 중용, 화합, 믿음직함, 우의, 진실함, 확신.

국내 프로그램으로 마중물가치교육연구소의 가치성장카드와 용기성장카드가 있다. 우리의 정서에 맞게 가치 용어와 프로그램이 정선되어 있지만 그 정신은 버츄 프로젝트와 유사하다. 초등학생용으로 나온 『아름다운 가치사전』은 가치에 대한 정의를 생활 속에서 쉽게 이해할 수 있도록 해 놓아 아주 소중한 자료이다.

아무리 잘 차려 놓은 밥상도 내가 떠서 먹어야 피가 되고 살이 되듯이 교실에서 활용할 수 있는 가치와 칠판 교수학습 자료가 필요했다. 그래서 버츄 프로젝트, 마중물가치교육연구소의 가치, 『아름다운 가치사전』의 덕목, 그리고 김봉률[2013]의 「가치교육과 표현활동으로서 융복합교양교육」 등의 논문을 이론적 바탕으로 직접 가치카드를 제작하게 되었다. 이 과정에는 2년 넘게 학생들은 물론 연구회원들의 다양한 생각과 고민이 반영되었다.

가치를 선정할 때의 기준은 나를 중심으로 한 개인적인 가치, 우리를 중심으로 한 관계적인 가치, 공동체를 중심으로 한 사회적 가치이다. 수많은 가치 중에서 학생들에게 가장 필요한 것을 각 영역마다 11개씩 선택했다. 그리고 학급의 실태에 따라 덕목의 내용을 추가할 수 있도록 한 장의 빈 카드를 남겨 두었다. 또한 가치를 매일 보고 읽는 것만으로도 성장이 이루어진다는 철학으로 칠판에 게시하여 사용하였다. 가치카드 이름도 마음의 보석을 찾아가자는 의미로 '내 마음의 보석'이라고 지었다.

내 마음의 보석 [나, 우리, 공동체 각 11개(가나다순) + 1장(빈 카드)]

나	목표의식, 부지런함, 성실, 열정, 용기, 인내 정돈, 정직, 창의성, 책임감, 탁월함, (빈 카드)
우리	감사, 겸손, 공감, 도움, 믿음, 배려 사랑, 용서, 유머, 존중, 친절, (빈 카드)
공동체	균형, 긍정, 너그러움, 명예, 봉사, 소통 예절, 지혜, 평화, 협동, 헌신, (빈 카드)

가치카드와 교육과정의 만남

3월 초 기본 생활습관 훈련 시기에 교사는 학생들과 마음을 나누는 시간을 갖는다. 이때 가치카드를 소개하고 우리 반의 가치를 선정한다. 이때 내가 활용한 내용은 다음과 같다.

> 동서양의 학자들이 인간의 본성을 설명하는 내용은 크게 세 가지로 나눌 수 있어요.
> 동양의 맹자라는 학자는 이렇게 말합니다. 모든 인간은 태어날 때 착한 마음만을 가지고 태어납니다. 그런데 어떤 사람은 착한 사람으로 자라지만 어떤 사람은 나쁜 사람이 되기도 하지요. 그것은 바로 본래부터 가지고 있던 착한 마음을 잘 가꾸지 못하고 나쁜 사람을 만나거나 보거나 해서 그것을 그대로 따라 하기 때문입니다. 마음속에 숨겨진 착한 것을 꺼내서 잘 사용하면 될 것을 그것이 있는지도 모르고 나쁜 것에만 정신을 두기 때문이지요. 이것이 맹자의 성선설이랍니다. (맹자의 성선설 판서)
> 반면에 순자라는 학자는 이렇게 말합니다. 아니다. 인간은 태어날 때 나쁜 마음만을 가지고 태어난다. 그러므로 교사와 부모는 이런 사람을

잘 교육시켜 착한 사람을 만들어야 한다며 교육의 역할을 강조합니다. (순자의 성악설 판서)

서양의 학자 중 존 로크라는 사람이 있습니다. 이분은 백지설을 주장했어요. 인간은 마음이 흰 도화지같이 빈 바탕으로 태어나서 누구를 만나 어떤 것을 보고 듣느냐에 따라 나빠질 수도 있고 좋아질 수도 있다고 했어요. (존 로크의 백지설 판서)

여러분은 어떤 학자의 의견에 동의하나요?

종교가 기독교인 친구는 성악설을 받아들이겠지만 선생님은 맹자의 성선설이 옳다고 생각해요. 선생님을 비롯해 수많은 학자들도 성선설을 인정하고 있답니다. 모든 사람은 아주 많은 착한 마음을 가지고 태어납니다. 그런데 많은 사람들이 자기 마음속에 그런 보석들이 숨겨져 있는지 모르고 살아갑니다. 우리는 이제부터 자기 마음속을 잘 살펴서 마음의 보석들을 하나하나 꺼내 사용하며 살아갑시다. 아무리 아름다운 보석도 원래는 광산에 묻혀 있던 돌덩어리에 불과했는데 그것을 힘들게 캐내어 갈고닦아서 그 빛을 발한다는 것을 잘 알고 있을 거예요.

그렇다면 우리 마음에 얼마나 많은 착한 마음의 보석들이 들어 있는지 볼까요?

미리 칠판에 붙여 둔 가치카드를 보여 준다. 이후 가치들을 내 마음의 보석으로 말하기로 약속한다.

내 마음의 보석 찾기로 내면화하는 생활 속 방법들

낯설게 느껴지는 가치들과 익숙해지는 시간이 필요하다. 내 마음의 보석을 찾으면서 선정된 가치 외에도 더 많은 것들이 우리 마음속에 있음을 알고 늘 인식하려고 노력해야 한다고 학생들에게 당부한다.

(1) 내 마음의 보석들과 친해지기

교사들은 가치 용어들이 어렵고 추상적이라 학생들에게 너무 어렵지 않을까 걱정한다. 하지만 학생들은 생각보다 아주 쉽게 받아들인다. 처음에는 가치 하나하나씩 그 의미를 사전적으로 찾게 하였다. 그리고 가치의 실생활 활용 예시를 A4 용지로 접은 8면책을 이용해서 만들었다.

자기에게 필요한 가치에 대해 정리해 보기
가치의 사전적 의미, 자기가 이해한 가치에 대해 정리

자기의 강점 가치 정하기
가치의 사전적 의미, 왜 나의 강점인가에 대해 정리하기

A4 종이로 8면책 만들기와 펼친 모습

(2) 내 마음의 보석 찾기

교실과 집에서도 내 마음의 보석을 찾는 활동을 할 수 있다. 친구에게 지우개를 빌려 주면 내 마음의 보석 중 배려의 보석을 찾은 것이고, 수업 시간에 집중하면 인내의 보석이나 목표의식의 보석을 찾는 중이다. 이와 같이 매순간 나에게서 보석을 찾으며 생활하게 하고 그것을 말과 글로 표현하게 한다.

(3) 친구에게 보석 찾아 주기

친구에게 있는 보석을 찾아 주려 노력하는 활동을 하게 한다. 친구에게 마음을 표현할 때 "고마워!"라는 말보다는 "너에게서 배려의 보석이 보이는구나"라고 한다거나 어느 날 친구에게서 새로운 면을 보는 순간 "너에게 이런 보석이 있었구나!"라며 친구가 의식하지 못하는 면을 찾아 주는 활동을 하게 한다. 이런 활동도 몇 번만 연습하면 학생들은 금방 따라 하고 좋아하며 즐기게 된다.

(4) 나의 보석 연마하기

내 마음의 보석을 반 전체 어린이들이 하루에 한 가지씩 돌아가면서 뽑는다. 그 카드는 그날 자신만의 보석이 된다. 그 보석에 적힌 가치를 자신의 방법으로 실천한다. 만약 배려라는 보석을 뽑았으면 하루 동안 다른 친구들을 위해 배려하는 행동을 하는 것이다. 집에 돌아갈 때 자신이 했던 가치 행동에 대해 전체 친구들 앞에서 이야기한다. 시간이 없을 때에는 모둠끼리 짝꿍끼리 이야기하며 서로 칭찬해 준다. 이때, '아하 대화법'을 활용하면 설사 그 친구가 가치에 대해 충분히 실천하지 못했더라도 인정하며 격려하는 활동이 될 수 있다. 이러한 과정은 자신의 보석을 찾아 연마하는 단계, 즉 내면화 과정이 된다. 글로 써 보게 하는 것도 효과적이다.

(5) 우리 반 보석 연마하기

반장이 대표 카드 하나를 뽑아서 칠판에 붙여 놓는다. 반 전체 학생들이 그 보석에 대해 이야기를 나누며 뜻을 음미한다. 하루 동안 그 가치에 대해 실천하려고 노력한다. 집에 가기 전에 우리 반의 가치 행동을 가장 잘한 친구나 자신이 본 행동에 대해 칭찬하는 시간을 갖는다.

(6) 선생님이 선물하는 보석

특별하게 친구들과 어울리지 못하거나, 행동 변화가 필요한 경우 선생님이 그 보석카드를 선물해 준다. 그 학생의 변화가 올 때까지 선생님이 선물해 준 보석을 매일 연마할 수 있도록 기회를 주고 관심을 가진다. 학생은 자신의 생각과 행동을 글로 써 보면 좋다.

(7) 손으로 익히는 내 마음의 보석

글씨를 따라 쓰면서 가치의 의미를 내면화하는 과정을 가지기 위해 일주일에 1~2회 아침 활동이나 국어 시간을 활용하여 자신만의 보석 찾기를 한다.

내 마음의 보석 찾기 : 인내

나에게 인내란
동생이 대들 때 때리지 않고 말로 해결하는 것이다.
친구들이 내 물건을 허락없이 사용해도 싸우지 않고 대화로 해결한다.

(8) 그림으로 살아나는 내 마음의 보석

미술 시간을 활용하여 우리 반에게 필요한 가치를 나의 보석으로 만들고 자신만의 보석카드를 만든다. 자신의 보석카드를 가지고 다니면 학교에서뿐만 아니라 학교 밖에서도 활용할 수 있고 가정에서도 관심을 갖게 되는 좋은 점이 있다.

책임감 보석카드(학생 작품)

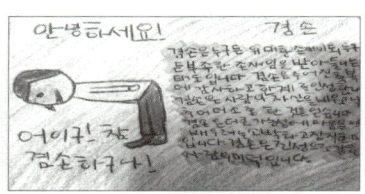
겸손 보석카드(학생 작품)

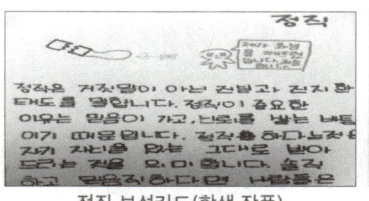
정직 보석카드(학생 작품)

기쁨 보석카드(학생 작품)

(9) 보석 쿠키 식량 만들기

행운의 메시지가 들어 있는 포츈 쿠키를 응용해서 보석 쿠키를 반 학생들과 만들 수 있다. 초콜릿이나 쿠키, 사탕 등을 자그마한 비닐 팩에 넣고 쿠키 속에 보석 편지 한 가지를 넣어 학생들에게 보상용으로 사용할 수 있다. 보석 편지에는 가치를 음미할 수 있는 뜻, 좋은 점이 적혀 있다. 또한 보석 쿠키 팩은 잘하는 학생이나 모둠에게 보상하지 않고 반 친구들이 모두 한 개씩 받을 수 있도록 반 전체 학생들 숫자만큼이 모아졌을 때 전체 학생들이 나눠 먹을 수 있도록 규칙을 정하면 반 분위기가 따뜻해진다. 보석 쿠키를 먹고 난 후에 남은 보석 편지는 일기장에 붙여 두고 글을 쓸 수도 있고 학생들이 보관할 수 있도록 격려한다.

• 보석 쿠키 만드는 법

재료들을 준비한다.
먹을 수 있는 재료면 뭐든 상관없다.

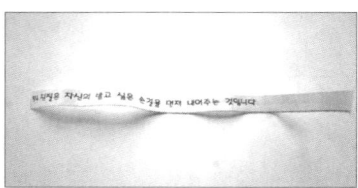
가치 덕목 한 줄을 잘라
여러 번 접어 작게 만든다.

순서 상관없이 모두
한곳에 넣으면 완성!

가치카드 역시 아이들이 직접
그려서 만든 작품들이다.

문학 수업으로 꽃을 피우다

생활지도나 창의적 체험활동 시간에 가치카드를 활용한 내 마음의 보석 찾기 활동은 가능한데 본격적으로 수업에 접목할 수는 없을까 고민하던 중에 국어과 문학 영역에 가치카드를 활용한 수업을 구상하게 되었다. 평소에 문학작품 읽기를 좋아하며 그것을 통해 마음의 위안을 삼는 나의 경험을 학생들과 함께하고 싶었다. 하지만 국어 교과의 문학작품은 단지 언어 사용 능력을 기르기 위한 도구일 뿐 그것이 우리에게 말하는 여러 의미를 듣지 못하는 경우가 많았다. 인성교육을 따로 하지 말고 교과를 지도하며 자연스럽게 인성교육을 하려면 문학작품을 본질에 갖게 수업하면 되지 않을까라는 호기심도 있었다.

문학 속에는 다양한 인물들이 등장하고 그들의 말과 행동을 통해 전개되는 여러 사건들이 나온다. 학생들은 교과서의 문학작품을 읽고 나서 거기에 나오는 인물들은 어떤 삶의 가치들을 실현하며 살아가고 있는지를 찾아본다. 그러면서 자기 삶을 돌아보고 자기 마음속의 가치들에도 새삼 관심을 가지게 되면서 인성교육이 자연스럽게 이루어지도록 했다.

이 과정은 'How: 감성수업이 인성교육의 길을 가다' 편에 자세히 설명되어 있다.

3. 수업 전 몸 깨우기

얼음 깨듯이 서먹한 분위기를 깨는 것, Ice breaking은 본격적인 이야기로 넘어가기 전 편안한 화제로 딱딱하고 긴장된 분위기를 푸는 것이다. 어른들 모임이나 강의에서는 늘 자연스럽게 사용하는데 수업시간에 의도적으로 실천해 보았는가?

Ice breaking을 '몸 깨우기'라는 이름으로 수업을 시작할 때와 그렇지 않았을 때 수업의 질, 즉 학생들의 반응이 정말 다르다는 것을 알 수 있다. 물론 수업 초반에 하는 동기 유발과 전시 학습 상기 등이 Ice breaking이 될 수 있다. 하지만 수업 5분 전 또는 수업 시작해서 2~3분이라도 학생들의 몸을 깨우는 활동은 몸과 마음의 감각을 열어 주는 감성수업에서 빠져서는 안 될 중요한 부분이다. 마음이 움직여야 더 진지하게 다가서는 것처럼 몸도 경직된 상태에서 부드럽게 깨워 주면 몸과 마음이 함께하는 즐거운 수업이 될 수 있다. 몸 깨우기 활동 열 가지 자료를 제시하고자 한다. 이것은 예시일 뿐이고 수업 환경에 따라 교사의 역량에 따라 무한한 몸 깨우기 활동을 할 수 있다.

하나. 기지개 켜기 두 손을 위로 쭉 뻗어 기지개를 크게 해 보기. 1교시일 경우 자연스럽게 하품까지 나오는 경우가 있다. 하품은 전염되어 짝꿍도 선생님도 하게 되고 그러면서 얼굴 보며 한번 웃고 시작하면 오케이.

둘. 손가락으로 머리 두드리기 열 손가락 모두 머리 위에서 힘을 빼고 머리에 뚝뚝 치게 한다. 처음에는 교사가 시범으로 보여 주고 느낌을 알면 스스로 하게 한다. 5교시 시작할 때 하면 효과적이다. 머리 뇌세포 깨우기라고 명칭을 정해서 했더니 초등학교 1학년 학생부터 어른들까지 좋아했던 활동이다.

셋. 눈 체조 두 손바닥을 비벼 따뜻하게 만들어 눈 위에 5초 정도 놓기. 눈을 감고 엄지와 검지를 이용해서 눈 주위 둥그런 뼈를 3초씩 꾹꾹 눌러 주기, 오른손 엄지손가락을 세워 앞으로 쭉 뻗어 엄지손가락 손톱을 5~10초 동안 바라보고 교실에서 볼 수 있는 가장 먼 쪽 한 점(창문 밖)을 10초간 바라보기 등은 3회 정도 실시하면 좋다.

넷. 똥꼬 숨쉬기 아무도 모르게 괄약근에 힘주었다 빼기, 선생님과 눈 마주치며 하면서 웃음 주고받기, 다른 사람은 자신의 몸이 움직이는 걸 보지 못하는데 혼자만 몸 안의 근육을 움직이므로 학생들이 즐거워한다.

다섯. 어깨 주물러 주기 가위바위보로 어깨 주물러 주기 순서 정하기, 노래에 맞춰 부르다가 특정 글씨가 나오면 방향 바꾸기

(예: 맴맴 노래에서 '고'라는 글씨가 나오면 방향을 바꿔 어깨를 주물러 주세요.)

> 아버지는 나귀 타㉠
> 장에 가시㉠
> 할머니는 건넌 마을
> 아저씨 댁에
> ㉠추먹㉠ 맴맴
> 달래먹㉠ 맴맴

여섯. 등 두드려 주기 도깨비 나라 노래 한 소절씩 노래 부르며 짝꿍 어깨 두드려 주기, 마지막 소절에 '뚝 딱'에서는 서로 마주 보며 손뼉 치기.

> 이상하고 아름다운 도깨비 나라
> 방망이로 두드리면 무엇이 될까?
> 금 나와라, 와라. 뚝 딱!
> 은 나와라, 와라. 뚝 딱!

일곱. 내 몸에게 사랑해, 고마워 인사하기 자신의 머리부터 팔, 다리, 배 부분을 쓰다듬으며 "○○야, ~해서 사랑해" 작은 소리로 자신의 몸에 말해 주기

(예: 머리야, 똑똑하게 공부할 수 있게 해 줘서 고마워. 내 손아, 글씨를 잘 쓰게 해 줘서 사랑해. 내 배야, 소화를 잘 시켜 에너지를 줘서 고마워 등)

여덟. 코코코 놀이 '코코코코……'를 반복하다가 신체를 나타내는 한 단어를 외치며 엉뚱한 곳을 가리키는 놀이. '코코코코……'를 하는 선생님의 행동을 따라 하지 않고 선생님이 말한 신체 부위를 가리켜야 한다. 대부분의 학생들은 앞에서 말하는 사람이 하는 행동을 따라 하게 되기 쉬우므로 저절

로 웃음을 자아내게 해 준다.

아홉. 머리 아래 손 대한민국 교사라면 한번쯤 외쳐 보았을 '손 머리'. 어쩐지 체벌을 가하는 느낌을 떨쳐 버릴 수 없는 '손 머리'를 활용하여 몸을 깨워 보자. '머리 아래 손', '손 위에 머리', '손 아래 머리', '머리 위에 손' 등을 번갈아 불러주며 행동하게 한다. 익숙하지 않은 표현이므로 학생들은 당황스러워하면서도 자연스럽게 신체를 움직일 수 있다.

열. 오른손 더하기, 왼손 빼기 박수 박수 치기는 몸을 깨우는 데 효과가 큰 활동이다. 오른손과 왼손 각각에 박수 치기 규칙을 부여해 주면, 오른손과 왼손이 나타내는 손가락 수를 확인해야 해서 선생님을 쳐다볼 수밖에 없으므로 눈과 손의 협응 작용이 활발히 일어난다.
(예: 만약 선생님이 오른손 손가락을 세 개 편다면, 학생들은 '1'을 더해 네 번 박수를 친다. 더하거나 빼는 규칙은 학급 실정에 맞도록 자유롭게 정할 수 있다.)

How ①

감성수업이 인성교육의 길을 가다_하나

[1] 감성놀이 수업
[2] 단계별 감성수업
[3] 교과 감성수업

1. 경험 맵을 활용한 감성놀이 수업
<너의 경험을 보여 줘!>

나의 수업 이야기

개학 날 풍경

학생들이 학교생활 중 가장 기다리는 것이 방학이다. 그래서 개학 날 학생들 사이에는 끝난 방학의 아쉬움과 다시 시작될 새로운 학기에 대한 부담이 공존한다. 그래서 개학 날은 주로 오랜만에 만난 친구들과 방학 동안 있었던 일이나 생각, 느낌 등을 나누는 활동을 계획한다. 그럴 때 활용할 수 있는 도구가 경험 맵이다.

경험 맵?

경험 맵이란 경험을 그래프 형식으로 도식화하면서 내용을 정리하는 방법이다. 인생 그래프라고도 하는데 간단한 설명으로 충분히 활동이 가능하다. 가로축과 세로축의 범례를 바꾸면 다른 활동에도 충분히 활용할 수 있다.

감성수업 과정안

단계	수업 내용
도입	• 감정카드를 들면서 방학 동안 있었던 여러 가지 일을 친구들과 이야기 나누기 • 친구들의 이야기 다 함께 들어주기

전개	• 경험 맵 소개하기(자기의 경험을 그래프 형식으로 표현하는 도구)
	
	    10
	   재미
	    0
	
	• 경험 맵의 예를 소개하기
	• 방학 동안 있었던 일을 경험 맵으로 그리기
	• 경험 맵을 보면서 친구들과 경험 나누기
	• 친구의 경험 중 가장 기억에 남는 것과 그 이유 발표하기
	• 마지막 그래프의 방향을 보고 재미있음으로 올라가 있는 친구와 아래를 향하는 친구의 이유를 알아보기(개학이 즐거운 친구와 그렇지 않은 친구의 마음을 알아 주고 인정해 주며 희망을 갖게 한다)

정리	• 2학기의 생활을 생각했을 때 기대되는 감정 찾아 들기 • 긍정 감정과 부정 감정을 표현한 친구 대비해서 이야기 듣기

수업이 남긴 이야기

  개학 날 수업할 활동거리가 마땅치 않았었는데 경험 맵을 알고 나서는 학생들이 활동 후 '아~ 잘 놀았다'라는 반응을 보였다. 방학뿐만 아니라 현장학습이나 여러 활동을 한 후 경험 맵으로 정리를 하고 그것을 함께 나누면 활동의 좋은 점과 개선점을 알아내는 데에 좋은 자료가 된다.

수업 활동지

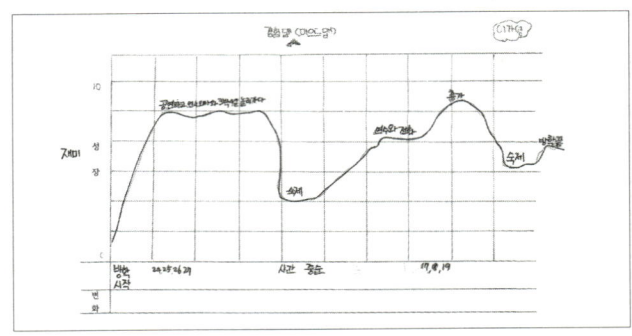

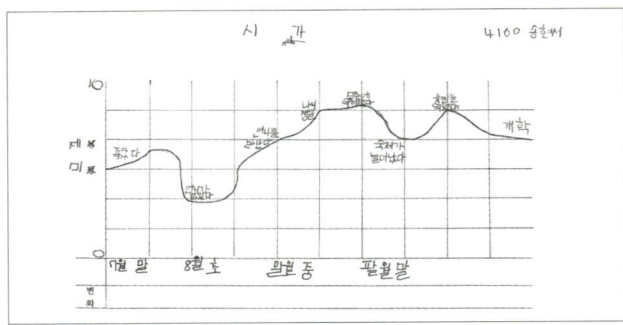

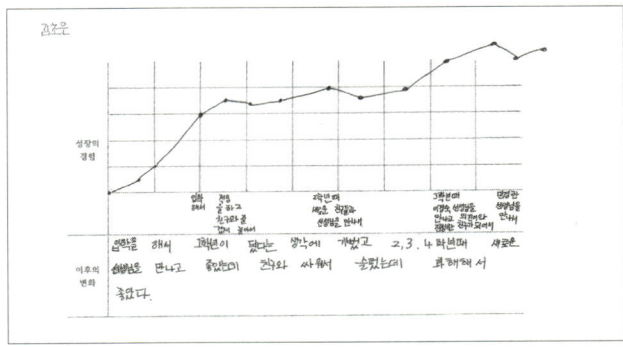

2. 질문하기를 활용한 감성놀이 수업 ❶
〈질문으로 감성을 키워 봐〉

수업 미리 보기

수학 페스티벌 활동지   질문의 종류

나의 수업 이야기

생각을 키우는 강력한 도구인데 우리에게 익숙해서 그 가치가 저평가되고 있다. 그것은 바로 '질문'이다. 서두에도 설명했지만 생각 없이 질문할 수 없고 질문을 받으면 생각을 안 할 수 없다. 하지만 너무 흔하다 보니 그 소중함과 가치를 잘 모른다. 본격적으로 질문법을 수업에 도입하기 전에 질문의 가치를 체험으로 느끼게 하고 여러 자료들로 이해하게 하는 수업이다. 본 수업은 창의적 체험활동 시간을 활용해서 운영하면 좋다.

감성수업 과정안

단계	수업 내용
도입	▶ 질문 놀이하기 • 친구가 이제까지 살면서 한 번도 들어 보지 못했을 것 같은 질문 생각하기 　-"네가 내일 죽는다면 무엇을 하고 싶니?" 　-"너는 언제부터 사탕을 좋아하게 되었니?" 등 • 친구에게 질문하기 • 질문을 받은 사람은 답을 하고 싶으면 하고, 하기 싫으면 지나가기 • 질문을 만들면서 느낀 점 이야기 나누기 • 질문을 받고 난 후 생각난 점 이야기 나누기 ▶ 질문에 대해 생각하기 • 질문을 하면 어떤 점이 좋을까요? (　　)을 생각해 보세요. 　-질문을 하면 (답)이 나온다. 　-질문을 하면 (생각)을 자극한다. 　-질문을 하면 (정보)를 얻는다. 　-질문을 하면 (통제)가 된다. 　-질문을 하면 (마음)을 연다. 　-질문은 (귀)를 귀울이게 한다. 　-질문에 답하면 스스로 (설득)이 된다. 　_도로시 리즈,『질문의 7가지 힘』, 더난출판.
전개	▶ 질문으로 문제를 해결한 사례 알아보기 • 미국 3대 대통령 토마스 제퍼슨을 기념하기 위해 지어진 제퍼슨 기념관의 대리석 외벽이 부식되는 것을 제퍼슨 기념관장이 5가지 Why 질문 기법으로 문제를 해결하였다. • 그렇다면 나방들이 몰려들지 않게 하는 해결 방법은 없는가? 　나방들이 몰려드는 시간보다 2시간 늦게 조명등을 켜는 것이다.
정리	▶ 질문을 두려워하는 이유 말해 보기 • 왜 우리는 질문하기를 두려워할까요?

1. 왜 제퍼슨 기념관의 외곽벽(대리석)이 부식될까?
청소부가 비누로 너무 빡빡 청소하기 때문이다.

2. 왜 청소부들이 비누로 빡빡 문지르며 청소를 할까?
비둘기들이 모여들어 똥을 싸 놓기 때문이다.

3. 왜 비둘기들이 모여드나?
비둘기들이 거미를 잡아먹으려고 하기 때문이다.

4. 왜 이곳에 거미가 많은가?
나방이 많아서 거미들이 나방을 잡아먹기 위해서다.

5. 왜 나방이 많이 몰려드는가?
나방이 출몰하는 해 질 무렵 이곳에 불이 켜지기 때문이다.

수업이 남긴 이야기

쉽게만 생각했던 질문하기가 주제에 따라서 쉽지 않다는 것을 활동을 통해 알게 되었다. 상대방이 태어나서 한 번도 들어 본 적이 없을 법한 질문을 찾으면서 상대방을 관찰하게 되고 관심을 갖게 된다. 반대로 질문을 받는 입장에서는 답을 하면서 나에 대해 새로운 면을 발견하게 되고 자기 성찰의 기회가 될 수도 있다. 답을 할 때 반드시 이유까지 물어봐 주어야 더 깊은 성찰이 가능하다.

제퍼슨 기념관의 문제를 해결한 사례는 아주 유명하지만 학생들은 잘 모르고 있었다. 자칫하면 수많은 예산과 인력을 낭비할 뻔했던 문제를 5가지의 꼬리에 꼬리를 무는 질문(5가지 Why 질문 기법)만으로 해결한 사례에 학생들은 매우 흥미로워했다. 그것만으로 수업의 목표는 달성한 게 아닐까?

3. 질문하기를 활용한 감성놀이 수업 ❷
〈질문도 연습이 필요해〉

수업 미리 보기

무엇을 광고하고 있나요?

운동화 광고

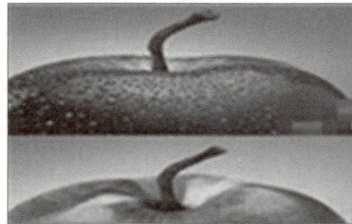

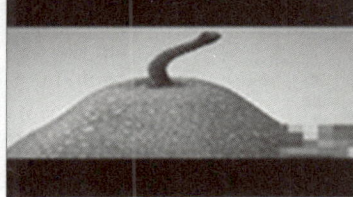

생과일주스 광고

나의 수업 이야기

질문의 가치에 대한 새로운 생각을 가지게 되면 본격적으로 질문법을 활용한 수업을 진행할 근거가 생긴다. 하지만 질 높은 수업을 위해서는 질문에 대한 공부가 더 필요하다. 모든 질문이 다 좋은 질문이고 가치로운 질문은 아니기 때문이다. 특히 수업에서는 수업의 목표가 있기 때문에 그것에 부합한 질문을 만드는 방법에 대한 공부가 필요하다. 본 수업에서는 질문의 종류를 세 가지로 나누고 사진을 보고 연습을 하는데 사진 자료는 되도록 여러 사람이 나오지만 관계성이 애매한 것이 좋다.

감성수업 과정안

단계	수업 내용

도입	▶ 질문 만들기
	• 질문에도 종류가 있어요.
	  - 사실 질문: 눈에 보이거나 사실적인 것을 묻는 질문
	   "너는 키가 얼마나 크니?" "몇 살이야?" "가족은 몇 명이야?" 등
	  - 생각 질문: 눈에 보이지 않고 생각을 묻는 질문
	   "너는 무슨 색깔을 좋아해?" "좋아하는 과목이나 취미가 무엇이니?" 등
	  - 마음 질문: 눈에 보이지 않고 감정이나 마음속 깊은 곳을 묻는 질문
	   "가장 행복한 순간은 언제야?" "최근에 가장 힘들었던 일은 무엇이야?" "지금 이 순간 어떤 기분이 들어?" 등
	▶ 질문 연습하기
	  - 사진을 보고 세 가지 종류의 질문 연습하기

도입	예) -사실 질문: "왜 남자들은 모두가 검은 양복을 입고 있지?" "가운데 여자는 왜 손바닥을 펼치고 있는 걸까?" "이 사람들은 어디에 있는 걸까?" 등 -생각 질문: "여섯 사람은 어떤 관계일까?" "앞의 남자는 왜 표정이 어두울까?" -마음 질문 "앞의 남자는 지금 기분이 어떨까?" "가운데 여자는 남자에게 무슨 말을 하고 싶은 걸까?" 등

전개	▶ 질문으로 감성을 키우기
	• 친구의 마음을 묻는 질문 만들어 붙임종이에 적은 후 상자에 넣기
	  -한 사람씩 나와 질문 고르기
	  -질문을 읽고 대답을 하거나 곤란하면 지나가기

정리	▶ 가장 기억에 남는 질문과 그 이유 이야기 나누기

수업이 남긴 이야기

그림을 가지고 질문 만들기 연습을 하니 쉽게 받아들이는 것 같다. 본 수업에서는 더 많은 사진 자료를 활용해서 연습하면 좋다. 특히 외국의 광고 사진을 놓고 돌아가며 질문 만들기를 하면 결국 답을 알게 되는 경험을 하게 된다. 수업 미리 보기에 제시된 사진 자료는 그것을 연습하기 위한 것들이다.

4. 자연미술을 활용한 감성놀이 수업
〈자연 속에서 보물을 찾다, 내 이야기를 찾다〉

수업 미리 보기

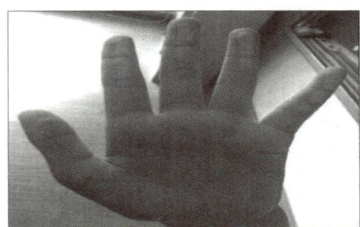

자연미술 작용 첫 작품

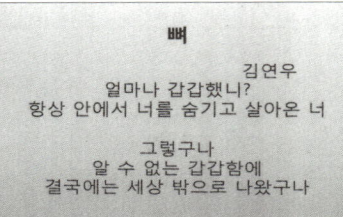

실제 활동 모습

자연미술 작용 첫 작품

실제 활동 모습

나의 수업 이야기

내가 자연에게 말을 걸 수 있고 자연이 하는 말을 들을 수 있는 힘이 생긴 것은 충남 서산고등학교 수석교사인 이성원 미술 선생님의 강의 덕분이었다. 이분의 『자연미술, 이게 뭐지?』라는 책은 자연과 새롭게 소통하면서 아름다움을 찾아가는 눈을 뜨게 해 주었다. 그저 아름다움과 편안함으로 바라보던 자연의 사물들이 관점을 달리하면서 미술이 되는 법을 알게 되었다. 나는 거기에 자연이 하는 이야기를 시로 만들고 노래로 만들어 주변 사람들과 나누었다. 그 노래가 불릴 때의 감동은 나에게 또 다른 세계였다.

자연이 친구가 되어 말을 걸고 내가 말을 하고. 이것이 바로 몸과 마음의 감각을 깨워 주는 감성수업 아닌가? 나의 경험을 학생들에게 알려 주고 그 학생들도 나와 같은 마음을 갖게 해 주고 싶었다.

먼저 자연미술 작품들을 이미지 검색으로 1시간 정도 학생들에게 보여 주고 경쟁하지 말고 천천히 자연을 살펴보라는 주의를 주었다. 1등으로 찾은 작품이 1등이 아니라는 것을 강조했다. 그리고 자연을 보고 찾은 미술 작품에 자신의 이야기가 곁들인 제목을 짓고 그것에 따라 이야기나 시를 써 보게 했다.

학생들은 자연미술을 감상하는 첫째 시간이 끝나갈 무렵 이미 칠판 지우개와 손바닥까지 동원하여 지우며 빨리 밖으로 나가자고 했다. 그만큼 자연을 다른 눈으로 보고 싶은 마음이 강렬했던 것이다. 손으로 칠판을 지우던 그 학생이 첫 번째 작품 "뼈"(그림 1)를 완성했다. 학생들이 자연과 친구가 되는 시간은 나보다 훨씬 빨랐다. 또한 그들의 창의력은 상상 이상이었다. 학생들이 교실 밖에서 자연을 의미 있게 해석하는 작업, 또한 늘 학생들 손에 들려 있는 휴대전화 게임에서 벗어나게 하는 방법이 여기 있다.

감성수업 과정안

단계	수업 내용
도입	▶여러 가지 자연미술 작품 살펴보기 • 여러분은 자연, 즉 나무나 돌, 바다가 하는 말을 들을 수 있나요? 그럼, 자연에게 말을 걸어 본 적이 있나요? • 자연과 말을 걸었던 사람들이 남긴 작품들을 살펴볼까요?(이미지 검색: 자연미술)
전개	▶작품 감상하며 제목 맞히기 놀이 • 다음 작품의 제목은 무엇일까요? 이것으로 글을 쓰면 어떤 내용을 쓸까요?(작품의 답이 있지만 학생들의 생각들을 충분히 수용한다.) ▶자연미술 만나기 • 자연 속에 나가 이제 여러분만의 미술 작품을 만들 거예요. 자연물을 함부로 아프게 하지 말기, 뛰어다니지 않기, 우리가 정한 구역 안에서 활동하기, 2~4명 함께 움직이며 생각 나누기, 작품이 다 된 친구는 손을 들어 선생님께 알리면 사진을 찍어 줄 거예요. • 혼자 또는 친구들과 미술 작품 만들 시간을 가지세요. ▶자연미술 작품의 의미 만들기 • 여러분이 만든 작품을 사진으로 출력해 왔어요. 먼저 작품에 맞는 제목을 만들어 보세요. • 제목을 정했으면 제목에 어울리는 이야기를 글로 써 보세요. 시처럼 짧게 적어도 좋고 이야기처럼 길게 적어도 좋아요. 혼자 조용히 적어도 되고 친구랑 함께 의논해도 좋습니다. 하지만 다른 친구를 배려하는 아름다운 보석 가치를 사용해 주시길 바랍니다. 왜냐하면 주변이 시끄러우면 자신의 생각에 집중할 수가 없답니다. ▶자연미술 작품 함께 감상하기 • 자신이 만든 작품을 친구들 앞에서 설명하는 시간을 갖겠습니다. 설명이 끝나면 궁금한 것을 물어봐도 좋습니다.

정리	• 자연에게 말을 걸고 자연이 하는 소리를 듣게 된 여러분은 오늘 정말 멋졌어요. 이 경험을 바탕으로 자연을 다시 바라볼 수 있는 사람이 되길 바랍니다. 집에 가서도 부모님께 공부했던 것을 전해 주세요. 그리그 함께하는 시간을 갖길 바랍니다.

수업이 남긴 이야기

자연미술 수업은 국어, 미술 수업 시간 6시간을 활용하여 진행하였다. 2시간씩 블록으로 진행하였다. 2시간은 자연미술 작품 감상하기, 2시간은 자연에 나가 작품 만들어 보기, 2시간은 제목과 시, 이야기 만들기를 하였다. 이 수업에서 중요한 것은 절대 경쟁을 시키지 않는 것이고 기다려 주는 것이었다. 친구들이 작품을 만들고 나는 만들지 못해도 걱정하지 말고 조용히 거닐어 볼 것, 작품이 나오지 않아도 친구들 작품으로 함께 협력해서 글을 만들어 볼 것 등을 강조했다. 혜민 스님의 『멈추면, 비로소 보이는 것들』에 대한 생각은 어른들에게만 필요한 것이 아니었다. 학생들도 경쟁에서, 교실에서, 속도에서 벗어나 자유로운 시간을 넉넉히 가졌더니 편안한 상태가 되었다. 작품을 먼저 만든 친구들도 절대로 소리 지르지 않고 조용히 손을 들어 내게 신호를 보냈다. 2시간 동안 자연을 거니는 모습은 교실에서 보던 학생들이 아니었다. 그들의 마음속에 새로운 보석 가치들을 찾아내는 소리가 들렸다.

우리가 나갔던 씨름장 근처의 진흙으로 얼룩진 유리창을 보고 작품이라고 사진을 찍어 달라던 학생은 이런 시를 만들었다.

아파하는 유리

김수연

유리가 아파한다.
"아야,아야"
아이들이 남기고 간 흙.
이 유리랑 나랑 똑같다.

나의 마음도 이런 상처가 있는데
친구랑 싸우고 엉망진창이 된 마음
유리는 얼마나 아플까
그래도 내가 널 보듬어 줄게~

    자신의 마음과 닮은 유리창을 보고 글을 쓴 학생의 마음을 함께 읽으면서 수업을 마쳤다. 나에게 울림이 있었듯이 그 반 친구들에게도 마음의 움직임이 있길 바라며…….

5. 노래를 활용한 감성놀이 수업
〈노래로 부르자~ 감성아! 나와라〉

수업 미리 보기

학생들 눈을 마주하며 함께
노래할 수 있는 기타 반주 모습

진행, 반주, 비트박스도
아이들이 만들어 가는 노래 시간

나의 수업 이야기

노래를 부른다?

나는 주로 6학년을 담임한다. 절대 노래하지 않는 학생들(금붕어 창법) 다수와 목이 터져라 노래하는 소수의 학생들이 섞여 있는 교실. TV를 가득 채운 가요 오디션 프로그램의 영향일까? 학생들에게 노래는 불러야 할 대상이 아니라 뽐내는 기능에 불과한 것일지 모른다.

노래로 (   )를 부른다

"노래로 무엇을 불러 볼래?"라는 질문을 학생들에게 던진다. 고대가요인 '구지가'는 거북이를 구워 먹겠다는 귀여운 협박이, '정읍사'는 먼 데 간 사랑하는 님 안전하기를 기원하고, AOA의 '심쿵해'는 반해 버린 이성 친구와 잘되고 싶은 마음이 들어 있다. 노래의 마음과 만나고 함께 그 마음을 불러 보는 한 곡의 달콤한 시간, 수업을 열고 닫을 때마다 노래해 보면 어떨까?

고학년은 미인이다

번번이 퇴짜를 놓는 얄미운 미인! 초등학교 고학년은 내 눈에 매혹적인 미인이다. 저학년이 부르는 노래도 멋있지만, 고학년들이 목이 터져라 노래 부르고 친구들과 호흡을 맞추는 모습을 보면 참 아름답다. 처음의 부끄러움이 나중에는 노래 시간의 진행과 반주, 비트박스까지 주도적으로 만들며 즐기는 모습으로 변해 가는 것을 보면 정말 멋지다.

감성수업 과정안

단계	수업 내용

도입	▶ 노래 부를 마음 준비하기
	• 우리는 노래를 부른다고 합니다. 그렇다면 우리는 노래로 무엇을, 어떤 세상을 불러 보면 좋을까요?
	  -노래로 신나는 마음을 불러요.
	  -노래로 스트레스 없는 세상을 불러요.
	  -노래로 사랑하는 사람을 불러요.(~이야).
	• 여러분이 부르고 싶은 이 마음을 담아 부르면 노래를 잘 불렀다고 하는 것이고, 이 마음이 없이 그냥 부르면 노래를 잘 못 불렀다고 하는 겁니다.

도입	▶ 반응하기 연습
	• 선생님이 기타(혹은 피아노) 반주를 줄 텐데, 전주가 나오면 신나게 반응해 봅시다. 어떤 반응이 있을까요. 몸으로 표현해 봅시다(C-F-G-C 전주를 준다).
	  -(고개를 흔든다. 어깨를 들썩인다. 박수를 친다.)
	• (이때, 교사는 학생들의 반응에 눈이나 웃음으로 함께 호응해 주면서 학생들의 시도가 학급 전체의 것으로 확산될 수 있도록 한다.)
	• 노래 부장 역할이 중요합니다. 노래 부장은 노래가 한 곡 끝날 때마다 일어서서 친구들을 보며 감성을 끌어올릴 수 있는 박수 유도를 합니다. 짧고 굵게 "박수"하고 말이죠(노래 부장을 뽑아 연습시킨다).
	  -(노래 부장-박수!)
	• 여러분은 박수와 함께 우레와 같은 함성을 한 번 질러 봅시다.
	  -(학생들-박수와 함성을 길게 지른다.)
	• 여러분, 이제 노래로 신나는 마음, 스트레스 없는 세상을 불러 볼 준비가 모두 되었습니다.

전개	▶ 교사가 한 소절 먼저 부르고 한 소절씩 따라 부르기
	• 오늘은 여러분들과 김건모의 'my son'을 불러 보겠습니다. (나 어릴 적 우리 엄마 매일 하신 말, 이 담에 커서 뭐 될라고 그러니?-여기까지 신나게 부르고) 여러분의 부모님께서는 어떤 말씀 주로 하시나요?
	  -저도 그 말 들었어요. 방 안 치워 놨다고요.
	  -PC방 갔다가 걸렸을 때 그런 말 들어 봤어요.
	• (학생들 이야기를 듣고 고개를 격하게 흔들어 공감해 준 다음 갑자기) (존경받는 의사, 변호사가 되려면 그만 놀고 방에 들어가 공부 좀 해라-여기까지 신나게 부르고) 여러분에게 공부해야 하는 이유를 어떤 식으로 설명해 주시나요?
	  -그냥 때려요.
	  -거지 된대요.
	  -언니랑 비교해요.
	• (기타 반주 시작) (My my my mother, 나는 노래하고 싶어요. 스티비 원더, 비지스처럼 노래할래요-여기까지 신나게 부르고) 아, 우리나라에 멋진 가수들 많이 있지? 누구로 바꿀까?
	  -인피니트요, 엑소요, AOA거든. 씨스타요, 아이유, 이선희요, 슈퍼주니어요, 김연우요.
	• 그럼, 글자 수가 다섯 글자랑 세 글자니까 AOA랑 김연우 할까?(학생들의 희비가 교차한다.) 그러면 집에서나 친구들하고 부를 때는 여러분 넣고 싶은 가수 넣어 보세요.)
	• (기타 반주 시작) (My my my mother, 나는 노래하고 싶어요. 에이오에이, 김연우처럼 노래할래요. My my my son 너는 못생겨서 안 된다. 쓸데없는 꿈꾸지 말고 공부나 해라-여기까지 신나게 부르고) 여러분은 하고 싶은 일 반대하시면서 부모님이 뭐라 그러시나요?

전개	-저는 프로게이머 하고 싶은데, 살쪄서 시청자들 놀림받는대요. -저도 가수 하고 싶은데, 머리가 커서 안 된대요. ▶ 노래 다 배우고 처음부터 끝까지 한 번 부르기 • 그러면 처음부터 이 노래 만든 사람의 마음을 담아 노래를 불러 보 겠습니다(전주 시작). -노래를 신나게 부른다(교사는 기타를 치며 같이 불러도 좋고 Feel 받은 학생들과 눈 마주치며 반주만 넣어도 좋다).
정리	▶ 가장 기억에 남는 질문과 그 이유 이야기 나누기 • 여러분들이 느낀 이 노래의 맛은 무엇일까요? 이 노래로 부르고 싶은 세상의 모습은 어떠할까요? -부모님께서 저희들에게 상처되지 않게 제 꿈에 대해 말씀해 주시면 좋겠어요(다 같이 끄덕끄덕). -못생겨서 안 된다, 할 때 그 말도 일리가 있다는 생각도 들었어요(다 같이 웃는다). • 여러분의 생각이나 친구의 생각을 노래공책에 적어 봅시다.

수업이 남긴 이야기

노래가 어린 나를 키웠다

어렸을 때 어머니께서 아프셔서 할머니, 누나, 형과 주로 지낸 기억이 난다. 초등학교 때 글을 시작하고 숫자도 배웠던 나는 학습이 뒤처져서 매우 고생했었고 학교도 가기 싫었다. 누나 손을 꼭 잡고 학교를 다니면서 누나는 늘 내게 노래를 불러 주었다. 덕분에 나는 항상 학교 가는 길이 즐거웠고 너무도 짧게 느껴졌다. 뒤처졌던 공부도 노.가.바.(노래 가사 바꾸기)로 흥미를 가지게 되었고 혼자 놀던 내게 노래를 부르는 일은 일상이 되었다.

교사가 좋아하는 노래를 함께

요즘 학생들 입에서 복고풍 가수들의 이름이 나온다. '불후의 명곡', '복면가왕' 등의 영향으로 흘러간 노래도 꽤 알고 있다. 교사들은 동요가 좋겠고, 학생들은 학생들 노래가 좋겠지만 의외로 교사와 학생이 모두 아는 유행가는 많지 않다. 흘러간 노래의 감성과 마음을 재발견하고 그 노래가 학생들 입에서 일상적으로 흘러나올 때 사춘기의 학생과 교사가 자연스럽게 연결될 수 있을 것이다.

마음을 회복하는 노래의 참된 기능

노래로 무언가를 부를 수 있다는 것, 노래 가사를 곱씹을수록 맛있다는 것을 알려 주고 싶다. 음악과 교육과정 목표 달성을 위한 기능적 활동들도 중요하겠지만 생활 속에서 음악을 대하는 태도, 친근감, 음악이 지닌 가치를 맛보고 나눌 수 있는 계기를 제공하는 것 또한 중요할 것 같다.

How ②

감성수업이 인성교육의 길을 가다_둘

[1] 감성놀이 수업
[2] 단계별 감성수업
[3] 교과 감성수업

1. 자기 인식 중심 감성수업
〈네 마음에 귀 기울여 봐!〉

수업 미리 보기

감정 인식에 대한 동영상

나의 수업 이야기

　무표정한 학생들, 무기력한 학생들 앞에서 수업을 한다는 것은 지옥이다. 무표정한 학생들 마음속에 감정도 하나밖에 없을까? 교사 앞에서만 무표정하고 친구들과 있을 때는 무한한 에너지가 밖으로 나오는 학생들을 어떻게 해석할까? 무표정한 학생들의 감정을 읽어 주고 자신의 감정에 솔직해지게 하는 것이 감성수업의 시작이다. 자신의 감정을 전혀 인식하고 있지 않다가도 감정카드를 보고 현재 마음을 보여 주라고 하면 카드는 자연스럽게 보여 주는 학생들을 보면서 자기 인식의 첫걸음을 시작한 수업이다.

감성수업 과정안

단계	수업 내용

도입	▶감정 알기
	• 여러분이 알고 있는 감정의 종류를 말해 볼까요?
	  -짜증 난다, 슬프다, 기쁘다, 피곤하다 등
	• 감정의 종류는 몇 가지나 될까요?
	  감정의 종류는 학자들마다 다르지만 언어로 표현되지 않은 것까지 하면, 1,000가지가 넘는다고 합니다. 그중에서 언어로 표현되는 것은 700여 개라고 합니다.

전개	▶자신의 감정 알기 • 오, 그럼 일주일간 여러분은 어떤 감정을 느꼈는지 적어 볼까요? (1분간) • 감정카드를 보고 생각나는 감정이 있으면 다시 적어 볼까요?(1분간) • 자신이 적은 감정 중에서 기억에 남아 있는 감정 2~3가지에 설명을 적어 봅시다. ▶감정 나누기 • 자신의 감정 중에서 1가지만 골라서 짝꿍에게 그때 상황을 자세히 설명해 보세요. 듣는 사람은 "그랬구나!" 하면서 고개를 끄덕이며 들어 주세요. 중간에 말을 끊거나 위로하지 말고 공감만 해 주세요. • 짝꿍을 바꿔 다시 감정을 나눠 보세요. ▶감정의 재발견 • "당신의 감정은 안녕하십니까?" 영상을 보며 감정에 대해 생각해 보세요. • 자신의 감정을 잘 알아차리지 못하면 어떤 일이 생기나요? • 친구들과 감정에 대해 이야기를 나눠 보니 어떤 생각이 들었나요? • "감정은 ○○이다. 왜냐하면 ~하기 때문이다"로 문장을 만들어 보세요.
정리	▶우리 주변에서 감정을 잘 알면 어떤 좋은 점이 있을까요?

수업이 남긴 이야기

감정 코칭 전문가인 함규정 박사에 의하면 성인의 경우 1분 동안 7개 감정을 기억해 내면 대체적으로 자기 인식을 잘하고 있는 편이라고 한다. 학생들의 경우 자신의 감정을 1분 동안 적으라고 하면 2~3개 적는 경우가 과반수 이상이다. 그래서 1분은 자신의 생각으로 적게 하고 다시 1분을 주면서 감정카드를 보면서 적어 보라고 하였다. 그리고 그 감정에 대해 1~2가지만 설명을 적어 보고 친구와 그 감정을 왜 느끼게 되었는지 상황을 설명하고 그때 감정을 충분히 표현해 보라고 하였다.

감정 중심의 대화보다 상황 중심의 대화에 익숙해 있던 학생들이 자신의 감정에 충실해서 대화를 하라고 시간을 더 주면 처음에는 어색해하다가 나중에는 시간이 더 필요하다고 아우성이다. 감정을 쏟고 나서 시원한 마음을 느꼈기 때문이다.

다음은 자기 인식 수업을 마치고 3학년이 쓴 글이다.

"감정에 대하여 공부하니까 내가 다른 사람에게 감정 표현을 다시 할 수 있을 것 같았다. 또 감정을 표현하니 내 마음속에 있던 감정들이 확 날아가는 시원한 기분이었다. 나는 앞으로 사람들에게 감정을 표현해야겠다는 생각을 하였다."

"감정은 내가 키우는 애완견이다. 왜냐하면 내가 키우는 애완견처럼 나를 잘 따라다니는 것 같다."

자신의 감정을 소중히 여기는 학생들은 학년이 올라가도 무표정하고 무기력하지 않을 것이라는 희망이 생긴다.

학생 활동지

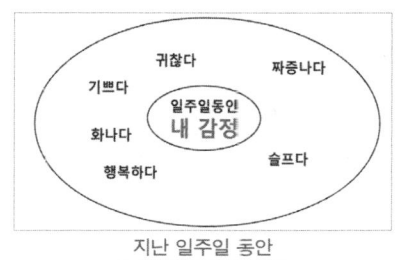

지난 일주일 동안
느낀 감정 적어 보기

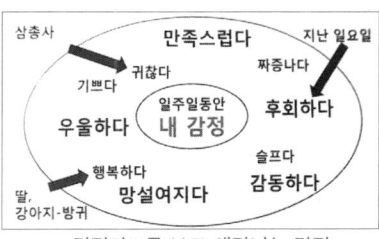

감정카드를 보고 생각나는 감정
더 적어 보고 간단한 설명 넣기

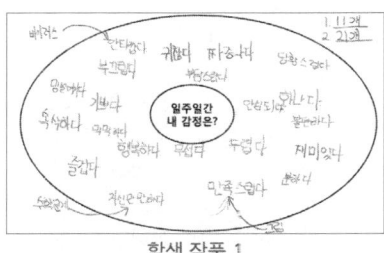

학생 작품 1

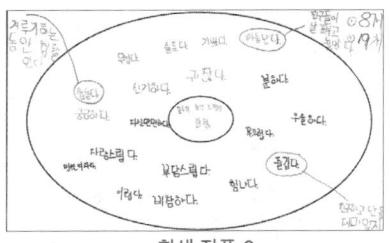

학생 작품 2

2. 자기 조절 중심 감성수업
〈나를 기쁘게 하는 것은 무엇일까?〉

수업 미리 보기

〈사운드 오브 뮤직〉 영화 장면

나의 수업 이야기

〈사운드 오브 뮤직〉 영화 속의 학생들은 절제와 규율만을 강조하는 군인 아버지에게서 감정을 조절하는 방법을 배울 기회가 없다. 그래서인지 집에 오는 가정교사마다 포기하고 떠나게 만드는 말썽꾸러기들이다. 그런데 마리아라는 새로운 가정교사와 학생들이 친해지는 결정적인 기회가 생긴다. 천둥번개가 요란하게 치는 밤, 학생들이 느끼는 무섭고 두려운 감정을 조절하기 위해 마리아는 자신의 감정 조절 방법을 이야기해 준다. "난 기분이 나쁠 때 좋은 일만 생각한단다." 좋은 일만 생각하는 것, 그래서 학생들도 각자 자신들이 좋아하는 것들을 생각해 내어 함께 공감하고 놀면서 번개 치는 무서운 밤을 이겨 내는 장면이 있다.

실은 학생들과 '화, 분노 조절하기'에 대해 먼저 이야기하고 싶었지만 예민한 부분이 많아 '나를 기쁘게 하는 것들'로 시작했다. 〈사운드 오브 뮤직〉에서 '그레틀' 막내 녀석의 귀엽고 앙증스러운 연기부터 16살 리즐이 겪는 사춘기 감정이 자연스럽게 그리고 즐거운 노래로 표현되는 이 장면은 초중고 학생들 모두를 집중하게 만든다.

'나를 기쁘게 하는 것들'이 무엇인지 생각해 보는 것, 적어 보는 것만으로도 학생들 얼굴에 살며시 미소가 깃든다. 시험지의 정답이 아닌 스스로 인생의 해답을 찾는 순간이다.

감성수업 과정안

단계	수업 내용
도입	▶ 마음 열기 • 현재 여러분의 마음은 어떤가요? 감정카드로 표현해 주세요. 혹시 감정카드에 나와 있지 않은 감정이면 흰색 카드를 들어 주세요. • 과거나 미래의 감정으로 힘들어하는 친구들은 현재 선생님 수업에 함께해 주세요. 몸은 여기 있는데 과거에 있었거나 미래에 있을 일에 대해 걱정하는 것은 아무 도움이 되지 않는답니다.
전개	▶ 자신의 감정 알기 • 여러분은 무엇을 할 때 그리고 언제 제일 기쁜가요? - 게임할 때 - 밥 먹을 때

전개	▶ 마리아와 학생들의 감정에 대해 알아보기 • 영화 속에 나오는 뮤지컬 한 장면을 보면서 주인공들이 좋아하는 것은 무엇인지 잘 살펴보세요. • 어떤 주인공이 좋아하는 것에 마음이 끌렸나요? - 크리스마스, 뱀 등이 기억에 남아요. ▶ "나를 기쁘게 하는 것"은? • 〈사운드 오브 뮤직〉의 주인공처럼 여러분을 즐겁게 하고 기쁘게 하는 것은 무엇이 있는지 써클맵에 적어 보세요. • 여러분을 기쁘게 하는 것을 적으면서 어떤 생각들이 들었나요? - 처음에는 '게임'만 좋아하는 줄 알았는데 시간을 가지고 더 생각해 보니 좋아하는 것들이 자꾸 더 생각이 많이 났어요. • 친구들과 '나를 기쁘게 하는 것'에 대해 이야기를 나눠 볼까요? 친구들과 나와는 어떤 차이점이 있는지 생각하면서 듣고 공감해 주세요. • '나를 기쁘게 하는 것'을 내가 잘 알고 있으면 어떤 점이 좋을까 생각해 보고 발표해 봅시다. - 내가 힘들 때, 슬플 때, 두려울 때 생각하면 기분이 좋아질 것 같아요.
정리	▶ '나를 기쁘게 하는 것'이 왜 나를 기쁘게 하는지 더 생각해 볼까요? 일기장에 적어 보면 좋겠어요. ▶ '나를 기쁘게 하는 것'과 '친구를 기쁘게 하는 것'은 왜 다른지 생각해 봅시다.

수업이 남긴 이야기

'자신을 기쁘게 하는 것'을 알아보고 난 뒤에는 스스로의 화를 조절하는 방법에 대해 수업을 했다. 화를 다스리지 못한 곰의 이야기를 함께 읽어 보고 자신만의 화를 다스리는 방법에 대해 이야기를 나누었다. 반 전체 학생들이 비슷한 경험도 있었지만 서로 다른 부분이 많이 나왔다. 그것을 함께 공감하면서 서로의 감정을 존중하고 친구에게서 다른 좋은 방법을 공유하는 과정은 교사 중심의 가르치는 수업이 아니라 학생 활동 중심의 배움이 일어나는 수업이었다. 교사인 나도 학생들에게 배울 정도였다. 그 정도로 스스로 화나 분노를 조절하기 위해 나름대로 돌파구를 찾고 있었던 것이다.

수업 활동지

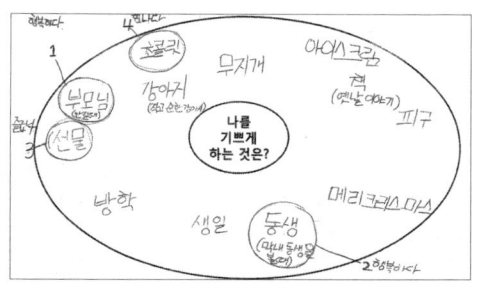

학생 작품 1

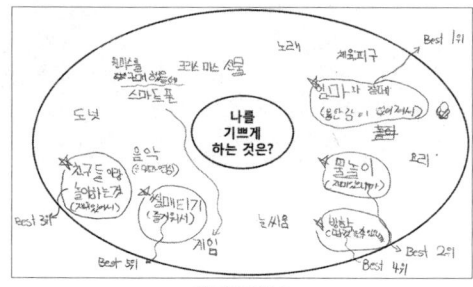

학생 작품 2

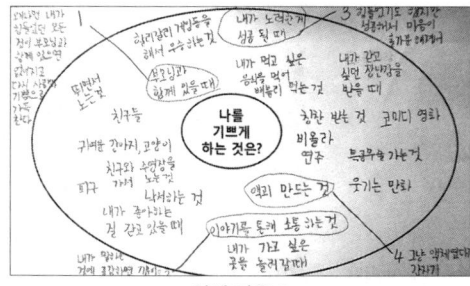

학생 작품 3

3. 목표 설정 중심 감성수업
〈나의 버킷 리스트를 만들자〉

수업 미리 보기

목표 설정에 대한 동영상

나의 수업 이야기

'스스로 진 짐은 무겁지 않다.' 아무리 힘든 일도 자신이 간절히 원하는 일이면 훨씬 수월하게 할 수 있다. 오히려 그 힘든 일을 즐겁게 할 수 있는 힘이 생긴다는 것을 학생들과 함께 나누고 싶었다. 의사, 교사, 가수 등 직업 위주의 꿈보다는 하고 싶은 일을 생각해 보고 찾아보게 하는 것이 학생들에게 더 의미 있게 다가갈 것이 확실하다.

'진로발달검사지'를 통해 스스로 어떤 것에 관심이 많은지 알아보고 통계 자료에 기초해서 자신이 하고 싶은 것을 생각하여 적어보는 활동을 설계하였다.

감성수업 과정안

단계	수업 내용
도입	▶진로발달검사 결과 살펴보기 • 지난 시간에 표준화 검사로 실시했던 '진로발달검사' 결과를 보면서 자신의 진로에 대해 이야기해 볼까요? • 검사 결과 데이터와 자신의 생각과 같은 점, 다른 점을 짝꿍에게 이야기해 보세요.
전개	▶자신의 진로 생각하기 • 자신의 꿈이 확실하게 결정된 학생들은 누구인가요? 언제부터 왜 그렇게 결정되었나요? —어렸을 때부터 의사가 되고 싶었고 진로 검사 결과도 전문가형이 나와서 저는 꼭 의사가 되고 싶어요. • 자신의 꿈이 자주 바뀌고 지금도 결정이 안 되어 있는 학생들은 자신의 생각을 발표해 주세요. ▶'콜과 카터'의 이야기 감상하기 • 자동차 정비사인 '카터'와 비싼 커피를 즐겨 마시는 돈 많은 사업가 '콜'의 이야기를 보면서 내가 주인공이라면 무엇을 하고 싶은지 생각해 보세요. • 버킷 리스트란 무엇일까요? • 내가 주인공이라면 어떤 버킷 리스트를 작성하고 싶은가요? ▶나의 버킷 리스트 작성하기 • 여러분이 꼭 하고 싶은 일을 적어 보세요. 목표 기한은 여러분의 나이와 학년을 잘 계산해서 적으시고 중요도는 별 3개가 가장 중요한 것으로 생각하면 됩니다. 달성 여부는 준비하고 있는지 성공했는지 현재 진행형인지 자세히 적어 주세요. 그리고 구체적인 달성 연도를 적어 주세요.

전개	• 버킷 리스트를 적으면서 어떤 생각이 들었나요? • 짝꿍과 '버킷 리스트'에 대해 이야기를 나눠 볼까요? 짝꿍과 나는 어떤 차이점이 있는지 생각하면서 듣고 공감해 주세요. • 짝꿍의 버킷 리스트 중에서 반 전체 친구들과 나누고 싶은 것이 있으면 발표해 봅시다. • 나의 버킷 리스트는 어떤 가치를 닮고 있는지 생각하고 친구들과 나누기
정리	▶ 자신이 적은 버킷 리스트 중에서 제일 먼저 달성하기로 한 것은 무엇인가요? 오늘 그것을 위해 무엇을 할 것인지 생각해 봅시다. 자신의 버킷 리스트는 소중하게 간직합시다.

수업이 남긴 이야기

〈The Bucket List〉는 'Kick the Bucket'에서 유래된 말로, 중세시대에 자살할 때 목에 밧줄을 감고 양동이를 발로 차 버리는 행위에서 전해졌다고 한다. 우리가 죽기 전에 꼭 해야 할 일이나 하고 싶은 일에 대한 리스트를 말하는 것으로 2008년에 개봉된 〈버킷 리스트: 죽기 전에 꼭 하고 싶은 것들〉이란 영화로 더 유명해졌다. 학생들과 〈버킷 리스트〉 영화 한 장면을 보는 일은 교사의 1시간 설명보다 훨씬 효과적이었다. 학습지를 받아 든 학생들은 교사의 설명 없이도 자신의 버킷 리스트를 작성하는 데 최선을 다하였다.

온라인에 올라와 있는 영상을 검색해 보면 죽기 전에 해야 할 일뿐만 아니라 여름방학 버킷 리스트, 주말 버킷 리스트 등 전 세계에서 많은 사람들이 버킷 리스트를 작성하고 실천하면서 생활하고 있다는 것을 알 수 있다.

하고 싶은 일을 적는다는 것은 씨앗을 심는 활동이라고 생각한다. 자신이 뭘 하고 싶은지 모른 채 부모님이나 사회가 요구하는 것만을 향해 달려가다 보면 너무 힘이 들고 지쳐서 그 씨앗이 제대로 싹이 트지 못하는 경우가 많다. 하지만 진짜 좋아서 하는 일을 찾아 하다 보면 저절로 자신의 직업이 되고 인생을 행복하게 하는 매개체가 될 것이라고 생각한다. 학생들이 심은 씨앗이 열매가 되고 꽃이 피도록 옆에서 잘 지켜 주고 바라봐 주는 일, 우리 교사들이 해야 할 일이 아닐까? 실제 수업 후에 학생들의 표정이 밝아지고 "선생님, 2030년에 만나요! 그때 저는 세상에서 제일 맛있는 음식을 만들어 드릴게요." 등의 구체적이고 행복한 대화를 하게 되었다. 설사 2030년에 그 제자를 만날 가능성은 희박하더라도 학생들 가슴에 희망을 심어 주는 일, 그리고 교사의 마음에 따뜻한 온기를 퍼트렸던 수업은 오랫동안 기억될 것이다.

수업 활동지

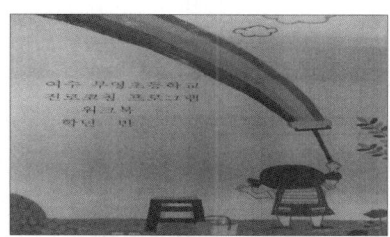

목표 설정 프로그램 활동지

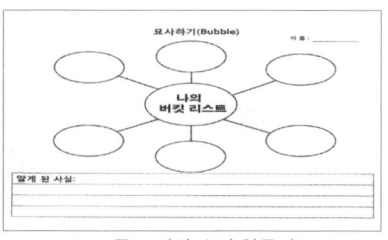

목표 설정 수업 활동지

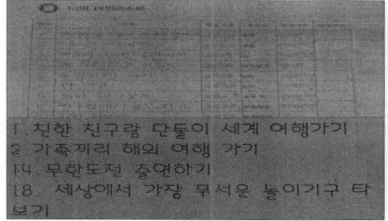

학생 작품 1

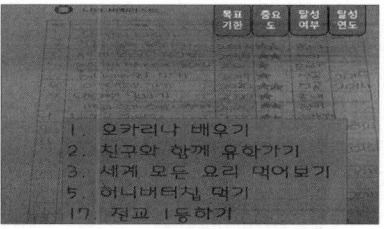

학생 작품 2

4. 공감 중심 감성수업
〈그들과 마음을 나누고 싶다!〉

수업 미리 보기

생명의 다리 난간 문구

학생 작품

학생 작품

나의 수업 이야기

'야경이 멋진 다리에서 자살률이 높아진다면 어떻게 막을 수 있을까?'에 대한 토의를 학생들 스스로 해 보게 한다. '경찰을 배치한다, 떨어지지 못하도록 펜스를 설치한다, 아예 걸어 다니는 길을 없앤다.' 등의 다양한 생각들이 오갈 것이다. 실제 마포대교 '생명의 다리'에 대해 '자살 방지 및 구조' 기능을 강화해야 한다는 의견과 기존 시설을 철거해 '자살 명소화'를 방지해야 한다는 의견이 나뉜다는 어른들의 의견도 들려준다.

이 수업에서는 여러 가지 시도에도 불구하고 자살률이 높아지는 마포대교에 대해 토론하는 것이 목적이 아니다. 우리 주변에 예상하지 못할 정도로 죽음까지 생각하는 사람들이 많이 있다는 것을 알아야 한다는 것, 그리고 우리들이 무심코 던지는 말들에 상처를 받는 사람들이 많다는 것을 알아차리는 것, 그래서 사람 냄새 풍기는 따뜻한 밥과 같은 대화가 필요하다는 것을 공감하자는 것이다. 더불어 그 따뜻한 말 한마디를 적어 보고 읽어 보고 공감하고자 한다.

감성수업 과정안

단계	수업 내용
도입	▶사진 속 다리의 이름은? • 사진 속 아름다운 다리의 이름은 무엇일까요? • 어디에 있을까요? 2012년 자료에 의하면 자살률이 서울에 있는 다른 다리보다 훨씬 높았대요. 한강에 투신하는 사람들 숫자를 줄이기 위한 방법을 함께 토의해 볼까요?

전개	▶ 모둠 의견 모으기 • 언제, 왜, 누가 자살을 하려고 할까요? • 드라마나 영화 또는 주변에서 자살하는 사람들에 대한 소식을 들을 때 여러분의 마음은 어떤가요? 감정카드로 표현해 볼까요? • 자살률을 낮추기 위해 할 수 있는 일을 생각해 볼까요? 모둠별로 의논해 보고 발표해 봅시다. • 서울시에서 삼성생명의 후원을 받아 획기적인 사업을 벌였다고 합니다. 사진 속의 그림처럼 난간에 마음을 울리는 글을 써 놓기로 한 거예요. ▶ 자살을 앞둔 사람에게 따뜻한 말 전하기 • 자살을 하려는 사람에게 우리들이 할 수 있는 최선의 마음을 담은 글을 적어 봅시다. • 적은 글을 조용히 읊조려 볼까요? • 전체 친구들에게 읽어 줄까요? • 친구들이 적은 글 중에서 어떤 글이 마음에 와 닿았나요? ▶ 편지 비행기 날리기 • 여러분이 적은 따뜻한 말을 예쁜 종이에 적어 보세요. • 여러분이 적은 편지를 비행기 모양으로 접어 보세요. • 선생님이 가진 바구니에 담아 주세요. 그것을 전시해 두고 그 사람들에게 전달될 수 있도록 서울시 홈페이지에 올리도록 하겠습니다.
정리	▶ 마포대교에게 마지막으로 하고 싶은 말 • 자살의 다리에서 생명의 다리로 변한 마포대교가 최근에는 경제 한파로 인해 오히려 자살 명소가 되기도 하고 유지비용이 많이 들어 서울시에서 고민을 많이 하고 있다고 합니다. • 오늘 활동했던 이야기와 여러분의 생각을 글로 적어 보시길 바랍니다.

수업이 남긴 이야기

학생들과 자살 이야기를 나누는 것은 쉽지 않은 일이다. 하지만 인생을 살면서 누구나 한번쯤은 자살에 대해서 진지하게 고민하는 순간이 온다. 중·고등학생은 물론 초등학생까지 극심한 스트레스를 겪는 요즘은 더더욱 교사가 아이들의 마음을 살펴볼 때이다.

교사들 대상으로 이 수업을 실시해 보았을 때 자신의 어린 시절, 부모와 갈등을 풀지 못하고 가출해서 자살하고 싶었던 경험을 풀어 놓은 경우도 있었다.

이 수업은 자살을 타인의 입장에서 바라보면서 공감의 말을 적어 주는 것이 목표이긴 하지만 궁극적으로 아이들에게 언젠가 한번은 겪게 될지도 모르는 자살에 대해 공개적으로 이야기해 보고자 하는 목표도 있었다.

또한 자살을 방지하는 따뜻한 문구를 써 보면서 그들에게 마음을 나누는 활동, 공감하는 활동을 통해 현재 우리 반, 우리 주변 친구들에게도 행여 그런 마음이 있을 수 있다는 생각을 한 번 더 해 보게 하는 데 도움이 되었다.

실제 이 수업을 마친 후 초등학교 2학년이 "선생님, 제가 쓴 글을 꼭 다리 난간에 붙여 주셨으면 좋겠어요!"라고 부탁했다.

그 아이가 쓴 글은 "엄마, 아빠가 기다려요. 집으로 가세요!"였다.

5. 사회화 중심 감성수업
〈쿠르디를 살려 주세요!〉

수업 미리 보기

쿠르디의 비극이 재연되지 않도록 모로코의 한 해변에서 30여 명의 사람들이 난민 에밀란 쿠르디의 죽음을 재연했다. 이들은 발견 당시 쿠르디가 입고 있었던 빨간색 티셔츠와 파란색 바지를 맞춰 입고 나란히 모래사장에 엎드려 쿠르디가 그랬듯, 잠든 것처럼 눈을 감았다.

나의 수업 이야기

　내전과 무장단체 등의 테러를 피해 유럽으로 건너온 난민은 2015년 100만 명을 넘었고 지중해에서 숨진 난민은 3,000여 명이 넘었다고 한다. 특히 가족과 함께 지중해를 건너다 보트가 뒤집히는 바람에 차가운 시신이 되어 발견된 세 살 아이 시리아 난민, 에일란 쿠르디의 사진은 전 세계인의 마음을 울렸다.
　난민 정책에 부정적이었던 영국, 독일, 프랑스 정부는 난민을 수용하기로 결정했고 시민들은 온라인에 합성 사진을 올리거나 퍼포먼스를 통해 쿠르디의 영혼을 위로했다.
　'우리 학생들이 할 수 있는 일은 없을까?'에서 출발한 수업이다.

감성수업 과정안

단계	수업 내용
도입	▶사진 속 아이에게는 무슨 일이 일어났을까? • 아이에게 무슨 일이 일어났을까요? 　(뉴스를 통해 들은 이야기나 사진을 보고 생각되는 일을 자유롭게 발표한다) • 사진을 보고 여러분의 마음은 어떤가요? 감정카드로 나타내 보세요. 　(슬프다, 비참하다 등의 여러 가지 감정을 충분히 들어준다.)
전개	▶전 세계인들의 반응 알아보기 • 세계 정치인들, 어른들은 어떤 생각을 하게 되었을까요? 　- 어른들은 엄마, 아빠 입장에서 자식을 잃은 슬픔을 느끼게 되었을 것 같아요. 세월호 사건처럼요. 　- 전쟁이나 테러가 생기지 않도록 어른들이 도와주면 좋을 것 같아요.

전개	• 영국, 프랑스, 독일 정치인들은 난민을 더 받아들이기로 결정했다고 합니다. 그동안은 자기 나라 국민을 보호하기 위해 난민들의 상황은 알지만 적극적인 대책을 펴기가 힘들었답니다. 그러나 이 한 장의 사진으로 정치인들의 마음을 열게 된 거예요. 그리고 시민들은 바닷가에 쿠르디의 모습처럼 재연하는 퍼포먼스를 한다거나 쿠르디의 사진을 따뜻하게 다시 그려서 영혼이라도 편히 쉴 수 있도록 기원했다고 합니다(관련 사진 자료와 뉴스를 보여 줌). ▶ 우리가 할 수 있는 일은 무엇일까? • 나보다 어린 쿠르디에게 우리가 할 수 있는 일은 무엇일까요? • 편지를 써 주기로 해요. • 그림을 그려 줘요. ▶ 쿠르디에게 새로운 세상 만들어 주기 • 차가운 바닷가에서 죽어 간 쿠르디에게 우리들이 만들어 주고 싶은 따뜻한 세상을 글과 그림으로 그려 보세요. ▶ 함께 공감하기 • 여러분이 그린 그림을 함께 공감하며 짝과 친구들에게 이야기해 봅시다. • 존 F. 케네디가 말한 '인류가 전쟁을 끝내지 않으면, 전쟁이 인류를 끝낼 것이다'라는 말의 뜻을 쿠르디의 이야기와 빗대어 생각해 볼까요!
정리	▶ 오늘 만났던 쿠르디 이야기를 부모님께 해 드리고 부모님의 생각을 들어 보시길 바랍니다.

수업이 남긴 이야기

'인류가 전쟁을 끝내지 않으면, 전쟁이 인류를 끝낼 것이다.' 존 F. 케네디의 명언을 머리로 이해하기는 어렵다. 하지만 쿠르디의 이야기를 통해 전쟁의 아픔을 느끼고, 쿠르디에게 따뜻한 세상을 만들어 준 다음에 이야기하면 초등학생들도 쉽게 공감하며 고개를 끄덕인다. 세계에 쿠르디만 있겠는가? 당장 우리의 혈육, 북한의 아이들은 어떤가? 수업 시간에 마음 아픈 이야기를 나누고 공감했던 학생들은 어른이 되어서 지금보다 따뜻한 세상을 만들지 않을까?

"교육받기 원하는 모든 아이들이 학교에 다닐 수 있을 때까지 자유롭게 꿈꾸고 자유롭게 햇빛을 볼 수 있을 때까지 끝까지 싸우겠습니다."

세계 최연소 노벨 평화상을 수상한 16세 파키스탄 소녀 '말랄라' 이야기는 우리나라 중고등학생들에게 추천하고 싶다. 사춘기 좌충우돌, 질풍노도의 시절, 성장의 아픔을 겪으면서도 인권운동과 교육혁명을 위해 탈레반의 총탄을 두려워하지 않은 말랄라의 용기가 무기력하게 엎드려 있는 학생들 몇 명의 감성을 일으켜 세울 것 같다.

How ③

감성수업이 인성교육의 길을 가다_셋

[1] 감성놀이 수업
[2] 단계별 감성수업
[3] 교과 감성수업

1. 그림책을 활용한 감성수업
〈틀려도 정말 괜찮아〉

수업 미리 보기

『틀려도 괜찮아』
마키타 신지 글, 유문조 옮김, 토토북

실수했던 경험에 대한 관점이
보물로 바뀌어 다시 꺼내는 장면

나의 수업 이야기

우리 반 학생들은 선생님이 그림책 읽어 주는 시간을 참 좋아한다. 한 교실에 스물대여섯 명의 학생들이 둘러앉아 있으면, 선생님이 들고 있는 교과서만 한 그림책의 그림은 뒷자리 학생들에게는 작은 점으로밖에 보이지 않을 것이다. 그런데도 그 점 속으로 빨려들 듯이 몸을 앞으로 반쯤 숙이고 눈을 반짝이며 듣고 있는 학생들을 보면 행복해서 웃음이 절로 나온다.

미국의 오바마 대통령이 방한했을 때, 한국의 기자들에게 질문권을 주자 아무도 질문을 하지 못했던 영상이 화제가 되었던 한 해다. 우수한 성적으로 내로라하는 명문 대학에 입학하여 더러는 외국으로 유학까지 떠나 공부를 하고 돌아온 수재들이 어쩌면 특종의 기회였을 수도 있는 그 상황에서 입도 뻥긋하지 못하는, 보면 볼수록 참으로 마음이 불편해지는 영상이었다.

그 영상을 보고 인터뷰에 응했던 한 기자의 말이 바로 우리 교실 속 모습인 것 같아 가슴이 철렁했다.

"질문을 보고 그 사람을 평가하는 것 같아서, 질문에도 정답이 있다고 생각하니까 함부로 질문을 못 던지는 것 같아요."

그랬다. 정답만을 요구하고, 정답만을 인정해 주는 집, 교실, 학교, 사회. 당연히 질문을 하는 것이 두려울 수밖에…….

우리 교실에서부터 정답을 말해야 한다는 강박관념 같은 것을 떨쳐내 버리고 싶었다. 이런 생각을 하던 나에게 『틀려도 괜찮아』 그림책이 살며시 다가왔다. 그림책이 우리 학생들에게 정답이 아닌 해답을 말해도 된다는 용기를 불어넣어 줄 것이라 믿는다. 또한 그림책은 학생들이 저마다의 이야기를 가꾸어 가며 고유한 자신으로 성장해 나가는 디딤돌이 되어 주리라 믿는다.

감성수업 과정안

관련 단원	국어 2-2-1. 생각을 나타내어요.
학습 주제	『틀려도 괜찮아』를 듣고, 자신의 생각이나 느낌을 표현하기
학습 목표	그림책을 듣고 자신의 생각이나 느낌을 표현할 수 있다. 자신과 다른 친구들의 생각이나 느낌에 대해 공감할 수 있다.
수업 준비	사진 자료, 붙임종이, 쓰레기통, 보물상자, 유명인이 실수하는 장면의 사진, 힘과 용기를 주는 적절한 배경음악

단계	교수·학습 활동	자료 및 유의점
도입	① 자기 인식 ▶생활 속 경험 떠올리기 • 이 사진들은 어떤 장면이라고 생각하나요? 　-사람들이 실수를 하는 장면입니다. • 여러분도 학교나 집에서 실수를 했던 적이 있나요? 실수했던 경험을 종이에 적어 봅시다. 　-저는 집에서 컵에 있는 우유를 쏟은 적이 있습니다. 　-저는 학교에서 선생님이 물어보시는 내용에 엉뚱한 대답을 해서 친구들이 웃은 적이 있습니다. ▶생활 속 경험에서 내 감정 알아보기 • 여러분이 실수를 했을 때, 어떤 기분이었나요? 　-속상했어요, 잊어버리고 싶어요, 조심할 걸 그랬단 생각이 들었어요, 후회돼요 등 • 실수했던 경험을 적은 종이를 쓰레기통에 버리면 기분이 좀 나아질까요?(학생들이 일제히 신나게 쓰레기통에 실수를 적은 종이를 버린다.) ② 자기 조절 ▶수업 감성 예절 확인하기 • 실수했던 경험도 쓰레기통에 버렸으니 홀가분한 마음으로 오늘 공부에 참여해 봅시다.	(자) 사진 자료, 붙임종이, 쓰레기통 (유) 유명인이 실수하는 장면의 사진을 의도적으로 제시해 줌으로써 살아가면서 누구나 실수를 할 수 있다는 것을 인식하도록 한다. (유) 학생들이 종이를 쓰레기통에 버리도록 의도적으로 발문한다.

도입	③ 목표 설정 ▶ 학습 문제 알아보기 『틀려도 괜찮아』를 듣고 자신의 생각이나 느낌을 표현해 봅시다. ▶ 학습 순서 알아보기 〈활동 1〉 그림을 보며 『틀려도 괜찮아』 듣기 〈활동 2〉 그림책의 내용을 떠올리며 이야기 나누기	
전개	④ 공감 ▶ 그림을 보며 『틀려도 괜찮아』 듣기 • 여러분이 실수했던 경험을 떠올리면서 이야기를 들어 봅시다. 　-실수했던 경험을 떠올리면서 이야기를 듣는다. ▶ 그림책의 내용을 떠올리며 이야기 나누기 • 여러분이 들은 그림책의 제목은 무엇이었죠? 　-『틀려도 괜찮아』입니다. • 틀릴 때는 어떻게 할 수 있다고 했나요? 　-친구들이 고쳐 주고 가르쳐 줄 수 있다고 했어요. • 여러분은 틀렸을 때 친구들이 고쳐 주거나 가르쳐 준 적이 있나요? 　-제가 수학 문제를 틀렸을 때 짝꿍이 가르쳐 주었어요 등 • 어려울 때는 어떻게 할 수 있다고 했나요? 　-선생님이 지혜를 내어 가르쳐 줄 수 있다고 했어요. • 여러분이 어려울 때 선생님이 지혜를 내어 가르쳐 주고 있다고 생각하나요? 　-친구와 다투었을 때 화해할 수 있도록 선생님께서 도와주셨어요 등 • 『틀려도 괜찮아』 책에서 여러분의 마음에 와 닿은 낱말이나 문장이 있나요? 　-'기죽으면 안 돼'라는 말이 기억에 남았어요. 　-'괜찮아'라는 말이 좋았어요. • 그럼, 오늘도 여러분의 어려운 점을 선생님이 지혜를 내어 도와줄까요? 　-네, 도와주세요. 선생님!	(유) 학생의 반응을 의도적으로 판서하여 힘과 용기를 주는 말을 적어 줄 때 활용할 수 있도록 한다.

정리	⑤ 사회화 ▶ 실수했던 경험을 적은 종이를 보며 이야기 나누기 • 이 통을 기억하나요? 이 통에는 여러분이 실수했던 경험을 적은 종이가 구겨진 채로 들어 있어요. 종이를 하나씩 꺼내서 실수한 친구에게 힘과 용기를 주는 말을 적어서 주인에게 돌려주세요. -(학생들은 종이에 글을 써서 친구에게 돌려준다.) • 힘과 용기를 주는 말이 적힌 종이를 다시 받아 보니 어떤 기분이 들어요? -누구나 실수를 할 수 있으니까, 너무 기죽지 말고 다음에는 그렇게 실수하지 않도록 조심하면 될 것 같아요. • 여러분이 지금 들고 있는 그 종이를 어떻게 하면 좋을까요? -소중히 간직하고 싶어요, 일기장에 붙일래요 등 • 여러분에게 소중한 그 종이를 이제는 보물상자에 소중히 담으면서 앞으로의 자기 태도를 다짐해 봅시다. ▶ 다음 시간에 공부할 내용 안내하기 • 다음 시간에는 『내가 살고 싶은 집』 그림책을 보며 이야기를 나누어 보겠습니다. 열심히 참여해 주어서 고맙습니다. -선생님, 감사합니다.	(유) 적절한 배경 음악을 틀어 주어 학생들이 진지한 분위기 속에서 종이를 보물상자에 소중히 담을 수 있도록 유도한다.

실수하지 않는 자는 아무것도 이루지 못한다.(영국 속담)

수업이 남긴 이야기

　우리 학생들이 하루 중에서 가장 많은 시간을 상호작용하는 사람이 바로 교사이고, 학생과 교사의 이러한 상호작용은 대부분 학교에서 이루어진다. 상황이 이렇다 보니 교사와 학생 서로가 서로에게 무척 의미 있는 존재가 아닐 수 없다. 서로에 대한 의미가 깊을수록 긍정적 관계가 형성될 가능성이 높다.

　교실(학교)에서 학생과 교사가 서로 만난다는 것은 학생들이 교사와 함께 무엇이든 잘 배울 수 있는 준비가 되어 있는 것이라고 생각한다. 각 차시마다 도달해야 할 학습 목표가 있음을 잊어서는 안 되지만, 우선 교사가 학생들의 마음을 읽고, 서로의 관계를 돈독히 하여 학생들이 스스로 공부해 보고자 하는 의지를 갖게 하고 싶다. 학생들이 서로를 존중하여 "선생님이랑 친구랑 함께 공부하는 시간이 참 재미있어요"라고 꾸밈없이 외칠 수 있는 교실이 되게 하고 싶다.

> ● 수업 Q카드
> Q카드는 TV에서 진행자의 프로그램 진행을 돕기 위해 진행자가 손에 쥐고 있는 카드이다. 프로그램 진행자는 손에 Q카드를 들고 있기 때문에 프로그램의 흐름을 놓치지 않으면서 항상 카메라, 관객, 패널과 눈을 마주칠 수 있다.
> 교사들도 수업의 흐름을 Q카드에 간략히 정리하고 수업을 한다면 항상 아이들과 눈을 마주치면서 수업할 수 있지 않을까? 감성수업에서 아이들과 항상 눈을 마주할 수 있게 하기 위해 개발한 도구가 바로 Q카드이다.

수업 활동지

이름: (   )

1. 발표를 할 때 어떤 마음이 드나요?(흉내 내는 말을 써도 좋아요.)
_____
_____

2. 생각했던 것처럼 발표가 잘되지 않을 때도 있어요. 발표를 잘하지 못했을 때 어떤 생각과 마음이 드나요?
_____
_____

3. 발표를 잘하지 못한 친구나 나 자신에게 어떤 말을 해 주고 싶나요?
_____
_____

4. 그동안 수업 시간에 발표를 잘한 경험도 잘하지 못한 경험도 있을 거예요. 하지만 내가 친구들 앞에서 발표를 했다는 것이 중요하지요. 그런 나에게 앞으로도 잘할 수 있다는 용기를 주는 말을 해 주세요.
_____
_____

참고 자료: 2014년 전남 초등사서교사연구회 자료집, 『그림책이랑 함께 놀자』, 전라남도학생교육문화회관.

수업 Q카드로 정리

수업 Q카드
(자기 인식)

- 생활 속 경험 – 유명인 실수 장면 (누구나 실수)
- 학생들 경험 쓰기(붙임종이)
- 쓴 경험 발표
- 그때의 내 감정(부정적)
- 붙임종이 버리기 – 기분 나아질까?(쓰레기통 – 나중에 활용할 것)

수업 Q카드
(자기 조절, 목표 설정)

- 버림(홀가분) 기분 좋게 수업
- 『틀려도 괜찮아』를 듣고 자신의 생각이나 느낌을 표현해 봅시다.
- 〈활동 1〉 그림을 보며 『틀려도 괜찮아』 듣기
- 〈활동 2〉 그림책 내용을 떠올리며 이야기 나누기

수업 Q카드
(공감)

- 그림책 보며 듣기 = 실수담 떠올리기
- 제목?
- 틀릴 때 / 어려울 때 어떻게?
- 책에서 기억에 남는 말
- (힘과 용기를 줄 수 있는 말 – 판서)
- 어려운 점 선생님 지혜로 도와줄까요?

수업 Q카드
(사회화)

- 실수담 쓰레기통 꺼내어 용기 글 써 주기
- 다시 받은 소감 듣기
- 어떻게 하면 좋을까?(보물상자 다시 담기)
- 다음 시간 예고(『내가 살고 싶은 집』 그림책)
- 활동지 – 발표할 때 마음, 용기 주는 말

2. 토론을 활용한 감성수업
〈토닥토닥 토론해요!〉

수업 미리 보기

'아하 대화법'

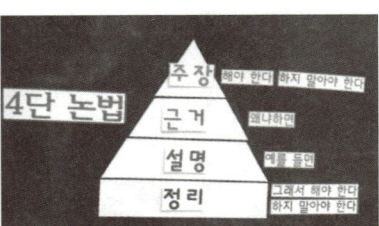
4단 논법 게시물

● 4단 논법과 글쓰기

4단 논법은 논리를 증명하는 구조인 툴민(Stephen Edelston Toulmin)의 6단 논법을 쉽게 말할 수 있도록 자신의 의견을 밝히는 방법이다. 4단 논법을 사용하여 주장을 말하는 방법은 ① 1단계는 문제 제시로 주제에 대해 문제의식을 가지고 접근한다. 토론 주제에 대해 자신의 입장을 찬성이나 반대로 "저는 ~논제에 대해 찬성(반대)합니다"라고 주장한다. ② 2단계는 이유에 해당되는 것으로 주장을 뒷받침하는 근거를 말한다. "왜냐하면 ~하기 때문입니다"라고 까닭을 말한다. ③ 3단계는 '어떻게'에 해당되는 것으로 2단계에 제시된 근거를 해결할 수 있는 방법으로 통계 자료, 실제 사례, 경험, 전문가 의견, 자료, 신문, 책, 뉴스 등의 다양한 예를 들어 설명한다. ④ 4단계는 자신의 의견을 다시 한 번 되짚어 말하는 것으로 "그래서 저는 ~대해 ~이라고 주장합니다"라고 정리한다.

나의 수업 이야기

학생들이 교실에서 그리고 삶 속에서 벌어지는 다양한 문제들에 직면했을 때 문제를 해결해 갈 수 있는 방법은 어느 하나의 사고력이 아니다. 혼란과 갈등에 빠지기 쉬울 때는 옳고 그름을 판단할 수 있는 비판적 사고, 고집이 세거나 하나의 생각에 안주할 때는 넓게 생각하기의 창의적 사고, 차갑고 이기적인 상황이 될 때는 깊이 있게 생각하기의 배려적 사고가 필요하다. 이 세 가지 사고가 잘 어우러진 다차원적 사고력을 수업 현장에서 배울 수 있는 방법은 바로 토론이다. 토론 활동은 학생들에게 지식 차원에서 똑똑하고 합리적인 사람을 목표로 하는 게 아니라 좀 더 넓은 차원에서 사려 깊고 합당한 사람을 목표로 한다. 사고력이라고 하는 것이 개인의 성공을 넘어 좋은 세상을 만드는 견인차가 되어야 한다고 생각하기 때문이다.

토론 활동을 통해 다차원적 사고력, 즉 바르고 넓게 그리고 깊이 있게 생각하는 힘을 길러 주고자 공감 토론 방법을 학생들과 시도해 보았다. 물론 토론 활동 중에 생각과 의견이 다른 친구들과 투닥투닥 부딪치는 상황이 많이 발생했다. 하지만 그 부딪침의 걸림돌이 오히려 토론의 과정을 거치면서 다른 사람의 의견을 공감하는 디딤돌이 될 것이다. 그래서 친구들과 함께 어우러지고, 서로가 서로에게 울림을 주며 성장하는 모습을 기대한다.

감성수업 과정안

관련 단원	국어 5-2-3. 토론을 해요
학습 주제	다른 사람의 의견을 존중하면서 토론하기
학습 목표	다른 사람의 의견을 존중하면서 토론할 수 있다.
예습 과제	"초등학생에게 사교육은 필요하다." 찬반 토론 근거 카드 및 팀별 내용 분류

단계	교수·학습 활동	자료 및 유의점
도입	① 자기 인식 ▶ 퀴즈로 복습하는 토론 절차와 방법 • 그동안 배운 토론 방법에 대해 OX 퀴즈를 해 볼까요? 　-제일 먼저 찬성과 반대편의 주장 펼치기를 합니다.(O) 　-두 번째 반론하기에서는 상대방의 주장을 꺾기 위해서 공격만을 해야 합니다.(X) • 먼저 상대방의 의견을 인정하고 근거에서 잘못된 점을 찾아내야 합니다. 　-반박할 때는 근거 자료가 자료가 충분한지, 믿을 만한지에 대해 이야기합니다.(O)	(자) 신호등 카드 (유) 학생들이 신호등카드를 통해 토론 순서와 토론 방법을 잘 알고 있는지 알아보고 토론할 준비를 함. (자) 프레젠테이션
	② 자기 조절 ▶ 토론 순서를 말해 볼까요? ▶ 토론에 임하는 자세는 어떤 것들이 있습니까? • 토론할 때 찾아야 할 내 마음의 보석은 무엇일까요? 　-공감입니다. 왜냐하면 상대방이 한 말을 더 잘 이해할 수 있기 때문입니다.	(자) 아하 대화법 (자) 동영상 자료 (부모와 자녀의 갈등 장면)
	③ 목표 설정 ▶ 학습 문제 알아보기 -다른 사람의 의견을 존중하면서 토론해 보자.	

도입	▶학습 순서 알아보기 〈활동 1〉 토론 주제 확인하기 〈활동 2〉 토론하기 〈활동 3〉 토론 평가하기 ▶토론 논제 확인하기 -초등학생에게 사교육은 필요하다.	
	④ 공감 〈활동 1〉 토론 주제 알아보기 ▶동영상을 보며 학습 문제 알아보기 -엄마는 수학 성적이 내려갔으니 학원을 가야 한다고 주장하고 있습니다. -학생은 혼자서 공부할 수 있으니 학원을 가고 싶지 않다고 주장하고 있습니다. ▶토론 주제 확인하기 • 논제에서 초등학생은 누구로 제한할까요? -5학년으로 정하면 좋겠습니다. • 주제 중에서 사교육이란 단어는 어떻게 정의할까요? -예체능 과목은 사교육에서 제외하기로 하였습니다. -국어, 영어, 수학와 같은 교과 학습에 관계된 것만 사교육이라고 토론에서 사용하기로 했습니다.	(유) 토론 주제에 좀 더 몰입하고 토론 활동을 활발하게 하기 위해 토론 주제에 대한 제한점을 두고 시작한다.
전개	〈활동 2〉 토론하기 ◆주장 펼치기 ▶찬성편 주장 펼치기(4명) -우리 팀은 사교육을 받는 것에 찬성합니다. 왜냐하면 학교에서 하는 공부가 이해가 잘되기 때문입니다. 예를 들면 지난 여름방학 때 수학 학원을 다녀서 2학기에 공부할 때 도움이 많이 되고 있습니다. 혼자 집에서 공부했다면 잘 안 될 것 같습니다. 그래서 공부 이해가 더 잘되는 사교육을 찬성합니다. ▶반대편 주장 펼치기(4명) -우리는 초등학생이 사교육을 받는 것에 대하여 반대합니다. 왜냐하면 자기 주도적인 학습 습관을 기를 수가 없습니다. 예를 들면 혼자	(유) 프레젠테이션 자료를 통해 토론 절차 제시 (유) 교사는 판서를 통해 학생들의 사고를 명료화할 수 있도록 근거를 판서한다.

	서 공부하면서 예습 복습을 하고 학교에서 공부하면서 공부하는 습관을 길러야 하는데 학원에 너무 많이 다니니 혼자 공부할 시간이 없습니다. 그래서 우리 반에서 스스로 공부하는 보물창고도 할 시간이 부족한 것이 사실입니다. 그래서 우리 팀은 자기 주도적 학습을 방해하는 사교육을 받는 것에 반대합니다.	
전개	▶ 판정단의 찬반 투표하기(신호등 카드) -주장이 설득력 있고 근거가 타당한가? -자신감 있게 주장을 펼쳤는가? ▶ 모둠별 토의 시간을 통해 반론 준비하기(작전 타임) -상대편의 주장에 대한 반박할 자료를 모둠별로 준비하는 시간을 갖는다. ◆ 상대편의 주장에 대하여 반박하기(4명) • 다음 순서는 상대편의 주장에 대한 반론을 펴겠습니다. 반대편부터 찬성편에 반론을 펴 주시기 바랍니다. -반대편: 찬성편의 주장에 대한 근거를 잘 제시해 주신 점 충분히 인정합니다. 그러나 첫 번째 근거로 제시하신 공부 이해가 잘된다는 점은 잘못되었다고 생각합니다. 꼭 학원을 다녀야만 공부가 잘 이해되는 것은 아니라고 생각합니다. 집에서 예습을 할 수도 있고 선생님 설명을 잘 들을 수도 있습니다. -찬성편: 첫 번째 근거인 자기 주도적 학습 습관을 기를 수 없는 것에 대한 것은 인정합니다. 그런데 토론자 본인의 예 말고 통계자료나 구체적인 자료를 보여 주셨으면 합니다. ▶ 판정단의 찬반 투표하기(신호등 카드) -상대방의 잘된 점을 인정하고 공감하였는가? -상대방 근거와 자료의 문제점을 찾아 반박하였는가? ▶ 모둠별 토의 시간을 통해 '묻고 답하기' 준비하기 -상대편의 근거, 자료에 대한 질문과 답변 자료 준비하기	(유) 주장 펼치기에 참여하지 않은 20명과 교사 점수 10점을 합해 30점으로 평가하면서 학생들에게 토론의 긴장감을 제공한다. 하지만 점수는 교사가 칠판에 기록하지 않는다. (유) 작전타임에는 모둠장이 다음 발표할 친구들 도와주고 다른 친구들은 붙임종이를 이용하여 자신의 의견을 전달한다.

전개	◆ 묻고 답하기(3명) • 다음 순서는 상대편에게 묻고 답하는 시간을 갖겠습니다. 찬성편부터 반대편에게 질문해 주세요. 　-찬성편: 반대편에서 말씀해 주신 내용을 잘 들었습니다. 그런데 첫 번째 근거 자료에 대한 부분은 신뢰성이 떨어진다고 생각합니다. 왜냐하면 근거 자료가 초등학생이 대상이 아니고 중고생들이 대상이기 때문입니다. 어떻게 생각하십니까? 　-찬성편과 반대편이 번갈아 가며 질문과 답변을 한다. ▶ 판정단의 찬반 투표하기(신호등 카드) 　-상대방의 잘된 점을 인정하고 공감하였는가? 　-질문하기, 다른 의견 제시 등을 통해 잘 묻고 답하였는가? ▶ 모둠별 토의 시간을 통해 '주장 다지기' 준비하기 　-지금까지 근거, 반박 자료에 대한 것을 정리하여 주장을 명확하게 정리하기 ◆ 주장 다지기(3명) ▶ 찬성편과 반대편은 각각 주장을 다져 주시기 바랍니다. 　-찬성편: 우리 팀은 학교에서 공부가 더 잘 되기 때문에 '초등학생에게 사교육은 필요하다'에 적극 찬성합니다. 물론 자기 주도적 학습력이 떨어진다는 반대편의 주장도 인정합니다만 혼자서 공부할 준비가 안 되어 있는 우리들에게는 사교육이 성적 향상에 더 도움이 된다고 생각합니다. 　-반대편: 우리 팀은 자기 주도적 학습력이 떨어진다는 근거를 들어 '초등학생에게 사교육은 필요하다'에 적극 반대합니다. 학원을 다니면 잠깐 성적은 잘 나오겠지만 결국 혼자 공부하는 방법을 익히지 못하면 대학 갈 때까지 누군가의 도움을 받아야 합니다. 그러므로 초등학교부터 혼자 공부하는 방법을 찾아가는 게 더 중요하다고 생각합니다.

전개	▶ 판정단의 찬반 투표하기(신호등 카드) 　-상대방의 잘된 점을 인정하고 공감하였는가? 　-주장과 근거를 다시 정리하여 주장을 분명히 하였는가?	
	〈활동 3〉 토론 평가하기 ◆ 학습 활동 평가하기 • 이 토론에서 잘한 점과 고쳐야 할 점을 말해 봅시다. • 토론을 하면서 우리 반 친구들의 잘한 점이나 고칠 점을 발표해 봅시다. • 토론을 통해 자신의 생각이 바뀐 친구는 왜 그랬는지 발표해 볼까요?	
정리	⑤ 사회화 ▶ 학습 활동 평가하기 • 학습 문제 확인하고 자신의 도달 정도 확인하기 • 선생님이 제시한 점수가 적어진 수직선에 자신의 이름표 붙이기(각 단계별로 1~2명 발표) 　-(　)는 왜 100점이라고 생각하나요? 　-(　)는 왜 60점이라고 생각하나요? • 혹시 친구들 발표를 듣고 자신이나 친구의 점수를 바꾸고 싶은 학생 있으면 바꾸고 이유를 말해 봅시다.	(유) 수직선 점수표를 이용하여 수업 시작 전과 어떻게 공감지수가 달라졌는지 학생들과 친구들이 함께 살펴볼 기회를 가진다.

토론에 이기고 친구는 잃는다.(영국 속담)

수업이 남긴 이야기

우리 반에 2학년부터 4학년이 끝날 때까지 학교에서 한마디도 하지 않았던 여학생이 있었다. 수업 시간에 발표는 물론 옆 짝꿍하고도 대화를 하지 않아서 모둠 토론을 할 때조차 전혀 참여하지 않은 학생이었다. 2학년 때 친구와의 갈등을 제대로 풀지 못해 5학년에 올라올 때까지 투명인간처럼 학교에 다니는 학생이었다. 옷도 계절마다 한 벌인지 계속 똑같은 옷만 입고 다녔다.

이 학생의 입을 어떻게 열게 할 것인가? 최대 고민이었다. 우선 학부모님께 전화를 드려 상담을 요청했다. 어머님께서 먼저 학교 교육에 대해 믿음이 없으셨다. 이미 포기한 상태였다. 어쩔 수 없는 일이라며 받아들이시는 그 아픈 마음을 나누며 함께 울었다. 다시 시작하자고 용기를 드리는 일, 내가 할 수 있는 최선이었다. 자녀의 옷부터 몇 벌 사서 번갈아 입혀 달라는 부탁부터 알림장 사용 등 그동안 전혀 애쓰지 않았던 일들, 하나하나를 약속했다.

수업 시간에는 학생들과 공감 토론 방법을 익히고 '아하 대화법' 등을 통해 그 학생이 한마디라도 할 수 있도록 기회를 주었고, 그 학생이 그나마 친하고 싶은 친구와 짝꿍을 만들어 주었다. 운동장 놀이를 통해 몸으로 친해질 수 있는 시간을 자주 가졌고 여름 별밤 캠프를 통해 반 전체 부모님을 초대해서 아팠던 그 학생과 부모의 마음을 위로해 주었다.

서서히 한 문장씩 그리고 4단 논법으로 말하기까지 한 학기가 걸렸고 그 학생은 2학기 공감 토론 공개 수업 때 자신의 몫을 다해 주었다. 마지막 자신의 토론 점수가 60점이라고 적어 놓은 것을 옆의 친구가 90점으로 옮겨 주며 지난번보다 훨씬 잘했으니 그 정도는 된다고 위해 주는 감동적인 장면도 있었다. 친구로 인한 상처를 다른 친구가 보듬어 주도록 따뜻한 손길을 서로 맞잡게 해 주는 것, 감성수업의 성과였다.

수업 활동지

예습 과제

근거 자료 수집 카드	논제	학년 반
		이름:

주장	찬성	반대
근거와 설명 자료	근거 1	근거 1
	자료 1	자료 1
	근거 2	근거 2
	자료 2	자료 2
예상되는 반박 의견, 질문		

수업 Q카드로 정리

수업 Q카드
(자기 인식, 자기 조절)

- ☞ 토론 절차(방법) 퀴즈 풀기
- ☞ 토론 순서 확인하기
- ☞ 토론 자세 확인하기

수업 Q카드
(목표 설정)

- ☞ 다른 사람의 의견을 존중하면서 토론해 보자.
- ☞ 〈활동 1〉 토론 주제 확인하기
- ☞ 〈활동 2〉 토론하기
- ☞ 〈활동 3〉 토론 평가하기
- ☞ 논제 '초등학생에게 사교육은 필요하다'

수업 Q카드
(공감)

- ☞ 토론 주제 알아보기(동영상)
- ☞ 주제 및 용어 정의
- ☞ 찬성팀 주장, 반대팀 주장
- ☞ 판정단 신호등 투표, 작전타임
- ☞ 상대방 주장 반박하기, 판정단 투표
- ☞ 묻고 답하기 준비, 판정단 투표
- ☞ 주장 다지기, 판정단 투표

수업 Q카드
(사회화)

- ☞ 학습 활동 평가하기, 고칠 점, 입장 변화
- ☞ 수직선 점수표에 자기 의견 표시하기

3. 문학을 활용한 감성수업 ❶
〈딱 하루만 더 아프고 싶다〉

수업 미리 보기

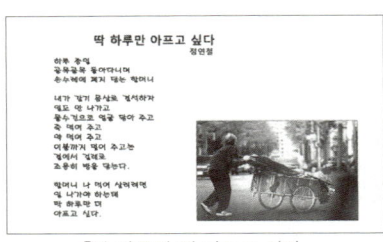

『딱 하루만 더 아프고 싶다』

학생 작품

나의 수업 이야기

감성수업으로 가장 쉽게 다가설 수 있는 것이 국어과의 문학 영역이다. 문학 작품 속 주인공들의 마음을 그대로 느껴 보고 내면화하는 활동들이 바로 마음의 힘을 기를 수 있는 감성수업이지 않은가? 교사의 설명이나 작가의 의도를 드러내 놓지 않고 오롯이 학생들의 눈으로 시를 읽고, 마음으로 시를 느끼며, 몸으로 표현해 보는 활동을 위한 시 수업에서 어떤 반응이 나올지 정말 궁금하다.

첫 번째는 나에게 하루만 더 있다면 무엇을 하겠는지 질문하는 것은 자기 인식의 단계의 단계이다. 아무리 멋진 시라도 나와 관계가 있을 때 의미가 있는 것이다. 나는 하루가 더 있을 때, 게임을 하고 싶은데 시인은 왜 아프고 싶었는지 궁금해하면서 수업을 시작해 보려고 한다. 두 번째는 감성수업 예절을 확인하는 자기 조절의 단계이다. 시에 바로 몰입할 수 있도록 이 과정은 교사가 바로 안내한다. 세 번째는 학습 목표를 설정하는 목표 설정의 단계이다. 교육과정상의 학습 문제는 "시를 읽고 감동적인 부분을 찾는 방법을 알아보자"이지만 이 과정이 3학년에게 어렵다고 판단되어 〈"딱 하루만 더 아프고 싶다"를 느껴 보자〉라고 목표를 정하고 학습 정리할 때 어떻게 하니 감동적인 부분을 찾을 수 있었는지 되새겨 보려고 계획했다. 네 번째는 공감하며 시 읽기, 몸으로 시 읽기, 질문하기 활동을 통한 공감 단계이다. 되도록 교사의 설명보다 학생들의 느낌으로 시를 입으로 몸으로 읽어 보게 할 것이다. 또한 질문하기를 통해 시의 내용을 자세히 들여다보게 한다. 피라미드 토론을 통해 친구들과 더 핵심적인 질문이 무엇인지 찾게 한다. 다섯 번째는 시인처럼 타인을 위한 하루를 살기 위해 무엇을 할지 발표하는 사회화 단계를 통해 학생들의 감성지수가 쑥쑥 성장해 나가도록 설계했다.

감성수업 과정안

관련 단원	국어 3-2-나-7. 감동을 느껴 보아요
학습 주제	시나 이야기를 읽고, 감동적인 부분 표현하기
학습 목표	시를 읽고 감동적인 부분을 찾는 방법을 알아보자. 이야기 글을 읽고 인물이 추구하는 가치에 공감할 수 있다.
수업 준비	질문 만들기 붙임종이, 프레젠테이션, 질문의 3종류 만들기 연습

단계	교수·학습 활동	자료 및 유의점

도입	① 자기 인식
	
	▶자기 성찰 질문하기
	• '딱 하루만 더 (　　) 싶다'의 빈칸을 채워 봅시다.
	  -학원을 안 가고 싶다, 푹 자고 싶다, 실컷 게임을 하고 싶다 등
	• 이럴 때 여러분의 감정은 어떤가요?
	  -자신의 감정을 상상하여 감정카드로 표현하기
	• 이 빈칸을 '딱 하루만 더 아프고 싶다'라고 채운 사람도 있습니다. 왜 그랬을까요?
	  -아프면 쉴 수 있으니까요 등
	• 이럴 때 이 시인의 감정은 어떨까요?
	  -시인의 감정을 상상하여 감정카드로 표현하기
		(자) 프레젠테이션
		
		(유) 활발한 학생들의 움직임을 위해 사전에 책상 배열을 'ㄷ'자 대형으로 만들어 둔다.

	② 자기 조절 ▶수업 감성 예절 확인하기 • 똑같은 주어진 시간에 대해 여러분들과 이 시인은 다른 감정을 느꼈네요. 시인의 감정에 공감하며 오늘 공부를 하면 좋겠습니다.	(유) 시에 곧바로 몰입할 수 있도록 자기 조절 과정을 교사가 안내한다.
	③ 목표 설정 ▶학습 문제 알아보기 -'딱 하루만 아프고 싶다'를 느껴 보자. ▶학습 순서 알아보기 〈활동 1〉 시 읽기 〈활동 2〉 내용 파악해 보기 〈활동 3〉 감동적인 부분 찾기	

전개	④ 공감 ▶ 시 읽기 • 교과서 시를 천천히 읽어 보세요. 시는 여러 가지 방법으로 낭송할 수 있습니다. 모둠이나 짝과 여러 가지 방법으로 시를 읽어 봅시다. -전체 읽기, 한 행씩 나누어 읽어 보기 -시의 내용과 자신의 경험을 생각하며 읽기 -음악에 어울리게 읽어 보기(빠른 음악, 느린 음악) -시 낭송 들어 보기 -시 낭송을 들으며 몸으로 듣기 활동을 통해 읽기(짝 활동) -역할극과 인터뷰로 감동적인 부분 표현해 보기 : 행동으로 표현하기(짝이나 모둠별) : 정지 장면일 때 인물들의 마음을 알아보기 ▶ 내용 파악해 보기 • 질문의 수준 자료를 보며 시의 내용에 대한 질문을 만들어 보세요. 눈에 보이는 사실적인 것은 묻는 질문, 눈에 보이지 않는 생각을 묻는 질문, 눈에 보이지 않는 감정이나 마음 속 깊은 곳을 묻는 질문으로 생각해 보세요. -개인별로 질문을 만든다. -모둠 친구들이 적은 질문을 차례대로 대답해 보고 가장 좋은 질문 한 가지를 정한다. -완성된 질문을 다른 모둠 친구들에게 질문한다. ▶ 감동적인 부분 찾기 • 시를 읽고 어느 부분에서 가장 마음이 움직이는 감동적인 부분이 어디인가요? 자신의 경험과 비슷한 점은 어느 부분이었나요? -할머니와 함께 있고 싶어서 더 아프고 싶다는 부분이었어요. -할머니가 물수건으로 얼굴을 닦아 줄 때가 생각났어요. -할머니가 일도 못 나가시고 아픈 나를 돌봐 주는 모습이 떠올라서 감동적이었어요.	(자) 프레젠테이션 자료 (유) 시를 외우게 하지 않고 많이 낭송해 봄으로써 자연스럽게 익혀지도록 지도한다. (자) 질문 붙이기 코팅지, 붙임종이 (유) 피라미드 토론을 통해 모둠에서 가장 좋은 질문을 한 가지씩 선정하여 다른 모둠에게 질문을 한다. 이 과정을 통해 자연스럽게 시의 내용을 이해한다. (유) 모든 학생들이 발표할 수 있는 기회를 제공한다.

정리	⑤ 사회화 ▶ 배운 내용 정리하기 • 오늘 시를 공부하면서 어떤 활동들을 했나요? 시에서 감동적인 부분이 어디였는지 어떤 활동을 할 때 내 마음이 움직였는지 떠올려 봅시다. 어떻게 하면 시를 읽을 때 감동적인 부분을 잘 찾을 수 있을까요? 　-시의 장면을 떠올립니다. 　-나의 경험과 비교해 봅니다. 　-시에 담긴 마음을 짐작하여 읽어 봅니다. • 딱 하루만 더 (　　) 문장에 다시 글을 쓴다면 무엇을 하고 싶은지 적어 볼까요? 　-자신 위주의 생각에서 친구들이나 가족을 위한 일을 적어 본다. ▶ 알게 된 점 발표하기 • 오늘 수업을 감정카드를 이용하여 알게 된 점이나 느낌 점 등을 발표해 봅시다. 　-시 낭송을 친구와 함께 하니 재미있었습니다. 　-모둠 친구들과 협동하여 질문을 만드니 혼자 만들 때보다 즐거웠습니다. 　-시의 내용을 연극으로 표현하니 시 내용을 알기 쉬웠습니다. ▶ 차시 예고 • 다음 시간에는 「형과 목욕탕 다녀오기」 시를 공부하겠습니다.	(자) 시간적 여유가 있을 경우 '딱 하루만 더' 나무에 붙임종이를 붙인다. (자) 감정카드

호기심이란 무지의 고백인데 그것은 의도적이며 당당하며 열렬하다.(루빈슈타인)

수업이 남긴 이야기

이 수업은 내게 참 의미가 있는 수업이었다. 왜냐하면 ○○이를 만났기 때문이다. 공개수업 전에 담임선생님께서 유난히 덩치가 큰 ○○ 학생을 가리키며 1~2학년 때 문자 해득을 하지 못해 3학년에 와서 겨우 하고 있다고 주의를 주셨다. 그 학생을 가르치며 힘든 과정들이 많이 있었으리라 미루어 짐작하였다.

그런데 감성수업이 진행되면서 그 아이의 눈빛이 반짝반짝 살아났다. 몸으로 시의 내용을 나타내는 장면에서 다른 친구들이 놀랄 정도로 적극적으로 표현해 주었다. 마음속에 있었던 이야기를 하고 싶었던지 자주 손을 들고 적극적으로 활동하였다. 특히 "마지막 타인을 위한 하루가 있다면 무엇을 하고 싶냐?"는 질문에 "100점을 마니 마자 엄마에게 보여 주고 싶다"라고 쓴 맞춤법까지 틀린 글씨에는 그 아이의 진심이 묻어 있었다. 만약 시 수업이 몇 연, 몇 행이고 주제가 무엇인지 묻고 답하는 지식 위주의 수업이었다면 그 아이가 수업에 그토록 즐겁게 참여할 수 있었을까? 담임선생님께서 공개수업을 마치고 가슴이 뭉클했다고 전해 주셨다. 마음의 힘을 길러 주는 수업은 이렇듯 수업을 하는 교사와 아이들 모두를 성장하게 한다는 것을 다시 느끼게 하는 시간이었다.

수업 Q카드로 정리

수업 Q카드
(자기 인식)

☞ 딱 하루만 (　　)고 싶다.
☞ 발표 + 이때의 감정
☞ 시인 - 딱 하루만 (아프)고 싶다.(왜)
☞ 시인의 감정(감정카드)

수업 Q카드
(자기 조절, 목표 설정)

☞ 시인의 감정에 공감하기를 강조
☞ '딱 하루만 아프고 싶다'를 느껴보자.
☞ 〈활동 1〉 시 읽기
☞ 〈활동 2〉 내용 파악해 보기
☞ 〈활동 3〉 감동적인 부분 찾기

수업 Q카드
(공감)

☞ 전체 읽기, 한 행씩 나누어 읽기
☞ 자신의 경험, 빠른/느린 음악
☞ 시 낭송 + 몸 듣기(짝)
☞ 역할극과 인터뷰로 감동적인 부분 표현(행동+정지 장면)
☞ 질문의 수준으로 내용 파악
☞ 감동적인 부분 파악하기

수업 Q카드
(사회화)

☞ 어떤 활동들이 있었나?
☞ 감동적인 부분 찾는 방법 정리
☞ 딱 하루만 더 (　　) 문장 다시 채우기
☞ 알게 된 점 정리하기
☞ 차시 예고(「형과 목욕탕 다녀오기」)

4. 문학을 활용한 감성수업 ❷
 〈시를 우리들의 이야기로 바꾸기〉

수업 미리 보기

감정카드로 소중한 경험 떠올리기

브리지맵으로 시의 상황 설정하기

나의 수업 이야기

　도입 단계에서는 제재와 관련된 소중한 것을 잃어버린 경험을 떠올려 감정카드를 들어 표현한다. 그러면서 자연스럽게 시의 감정에 공감할 수 있도록 하여 학습 문제를 도출한다. 그리고 학습 순서인 시 읽기, 시 상황 만들기, 이야기 만들기의 순서를 학생들과 함께 설정한다.
　전개 단계에서는 시를 여러 번 읽어 보면서 시의 감정을 감정카드와 버블맵으로 파악한다. 아울러 시의 주인공과 배경, 주요 사건에 대해 기본적인 정리를 하여 시의 내용을 파악한다. 이어지는 활동으로 시의 상황을 만들 수 있는 질문하기 법에 대해 안내하고, 모둠별로 정한 연에 대해서 친구들의 질문을 받는다. 이때, 답변 후 브리지맵에 항목별로 간단히 메모하며 시각화할 수 있도록 한다. 브리지맵으로 시각화된 정보에 교사는 개인의 경험이 들어간 대화나 상상을 덧붙일 수 있음을 추가 질문을 통해 강조한다. 이때 1연을 브리지맵에다 판서로 정리한 후 5연까지 모두 질문을 끝낸 다음 사건의 전개 순서를 고려하여 입말로 이야기로 바꾸게 한다. 그리고 모둠별로 시의 상황에 대한 공동 질문과 답을 더하여 이야기의 기본 상황을 최종적으로 정리한다. 글로 써 볼 때는 개인의 경험이 녹아들어가야 하므로 개별로 글을 작성할 수 있도록 한다.

정리 단계에서는 초반에 교사의 잃어버린 경험이 마음의 여유였음을 알려 준 다음 보이지 않는 것에 대한 잃어버림도 있다는 점을 알려 주어 6학년에 맞는 감정의 성숙과 무형의 것에 대한 가치도 생각할 수 있는 계기를 준다. 또한 차시 예고로 전체의 이야기를 완성하고 고쳐 쓰는 활동이 있음을 안내한다.

감성수업 과정안

관련 단원	국어 6-2-나. 11. 문학의 향기(2/8)
학습 주제	시를 이야기로 바꾸어 써 보기
학습 목표	경험을 떠올려서 시를 읽을 수 있다. 소중한 것을 잃어버렸을 때의 상황과 감정에 공감할 수 있다.
수업 준비	감정카드, 스케치북, 붙임종이, 소중한 것을 잃어버렸을 때의 경험 써 오기

단계	교수·학습 활동	자료 및 유의점
도입	① 자기 인식 ▶ 소중한 것을 잃어버렸던 경험 떠올리기 • 선생님이 얼마 전에 뭘 잃어버렸는데, 그것 때문에 답답하고 굉장히 속상해요. 혹시 여러분들도 선생님처럼 뭔가 잃어버린 적 있나요? -아끼던 곰 인형, 스마트폰 등 • 여러분은 그때 어떤 기분이 들었어요? -어머니께 혼날까 봐 걱정이 되었어요.	(자) 소중한 것을 잃어버린 경험 예습 과제 (자) 감정카드
	② 자기 조절 ▶ 시에 대해 간단히 소개하기 • 우리처럼 무언가를 잃어버렸을 때의 상황을 시로 표현한 것이 있어요. 이 시의 주인공은 자전거를 잃어버렸다고 하는데, 오늘은 그 시로 함께 공부해 봅시다.	(유) 교사가 자신의 경험을 제공함으로써 학생들이 본 차시와 관련된 경험을 자연스럽게 떠올릴 수 있도록 한다.
	③ 목표 설정 ▶ 학습 문제 알아보기 -경험을 떠올려서 시를 읽어 보자. ▶ 학습 순서 알아보기 〈활동 1〉 시 읽기 〈활동 2〉 시의 상황 만들기 〈활동 3〉 이야기 만들기	(유) 학습 활동의 순서를 정할 때, 학생들과 함께 대화를 하며 함께 정한다.

전개	④ 공감
	▶ 시 읽기
	• 자신의 경험을 떠올리면서 「자전거 찾기」를 혼자서 소리 내어 읽어 봅시다.
	  -혼자 작은 소리를 내어 읽는다.
	• 이번에는 연에 어울리는 감정을 떠올리며 남녀별로 한 연씩 읽어 봅시다.
	• 이번에는 모둠별로 선생님이 정해 준 연을 읽어 봅시다. 그러면서 연에 어울리는 감정카드를 들어 봅시다. 잘 모르겠으면 흰색을 들면 됩니다.
	  -속상하다, 답답하다, 걱정된다 등
	• 어떤 일이 있었나요?
	  -주인공이 자전거를 잃어버렸습니다.
	• 주인공은 어떤 사람일까요?
	  -초등학교 6학년일 것 같습니다.
	• 이 시의 배경은 어디일까요?
	  -놀이터 등
	▶ 시의 상황 만들기
	• 시를 이야기로 바꿀 때 어떤 방법들이 있었나요?
	  -시의 상황을 파악한다, 자신의 경험을 떠올려 본다, 상상을 더한다, 제목을 정한다 등
	• 1연을 읽은 친구들이 일어나 보세요. 다른 친구들은 1연의 상황을 파악할 수 있는 질문을 해 주세요. 2명 중에서 1명은 대답하면서 설정을 적고, 1명은 스케치북에 그림을 그려서 붙여 봅시다.
	  -자전거는 산 지 얼마나 되었나요? 가격은 얼마인가요? 어디에서 잃어버렸나요?/5년 되었고 17만 원입니다. 잃어버린 곳은 놀이터입니다.
	• (2연~5연까지 반복하여 질문과 대답을 하면서 각 연의 상황을 파악한다. 스케치북에 그림과 주요 설정을 브리지맵으로 적는다.)
	▶ 이야기 만들기
	• 여러분이 질문에 대답한 것에 상상력을 발휘해서 이야기를 만들어 보세요. 한 명씩 순서대로 만들 텐데, 먼저 제목부터 이야기로 만들어 봅시다.
		(유) 연과 행 사이를 구별하여 낭송할 수 있도록 한다.
		(자) 감정카드, 버블맵
		(유) 연별로 몇 명의 감정과 그 이유를 확인한다.
		(자) 스케치북, 질문의 종류, 브리지맵
		(유) 모둠에서 2명이 1조가 되어 1명은 질문에 답하고 1명은 그림을 그린다.
		(유) 활동 3을 위해 1연 질문에 대한 답을 칠판에 판서한다.
		(유) 질문이 빈약할 때 대화나 새로운 등장인물 등 상상을 자극할 수 있는 내용들을 교사가 직접 질문한다.
		(유) 본 차시의 후속 학습으로 전체 이야기 만들기 과정이 있으므로 한 두 모둠만 대표로 발표한다.

전개	-(1연) 삼촌이 선물로 준 자전거를 지난주 목요일에 경비실 앞에서 잃어버렸다. 자전거는 파란색이고, 가격은 무려 17만 원이다. 자전거를 찾으러 나는 매일매일 거기를 어슬렁거린다. 아파트 경비 아저씨는 나보고 "너 또 왔냐?" 하고 물어보신다. "아저씨, 제 자전거 혹시 다른 사람이 타고 있는 거 보시면 연락 좀 해 주세요." 하고 말씀드리고 힘없이 돌아온다. • 선생님과 1연의 시를 이야기로 만든 것처럼 다른 연도 모둠별로 만들어 보세요. • (희망하는 한두 모둠만 간단하게 발표할 기회를 준다.)	
정리	⑤ 사회화 ▶ 정리하기 • 선생님이 아까 잃어버렸다고 한 것은 마음의 여유였어요. 반 친구들하고 관계도 참 좋았는데, 이런저런 일로 바쁘더니 아내의 생일도 깜빡하고 모둠별로 하던 티타임도 못 하고, 그래서 너무 속상했어요. 우리 주변에는 사물이 아닌 마음과 관계된 것들도 잃어버릴 수 있는 것들이 많이 있답니다. 여러분들도 이런 보이지 않는 것들도 챙길 수 있는 6학년이 되시길 바랍니다. ▶ 차시 학습 예고 • 다음 시간에는 오늘 여러분들이 설정한 이야기의 상황을 바탕으로 전체 이야기를 만들어 보도록 하겠습니다.	(유) 감정의 성숙에 어울리는 것들을 떠올릴 수 있도록 한다.

한 가지 일을 경험하지 않으면 한 가지 지혜가 자라지 않는다.(명심보감)

수업이 남긴 이야기

문학이 의미로 다가올 때

고학년이 되면 학생들은 대부분 문학작품을 즐겨 읽지 않는다. 왜냐하면 익숙하지 않기 때문이다. 하지만 학생들의 입에서 나오는 노래 가사나 드라마를 보면 충분한 재미와 깊이가 있는 것들이다. 문학 제재에 접근이 쉽도록 하기 위해 시를 이야기로 바꾸는 것이 아니라 노래를 이야기로 바꾸는 수업을 먼저 해 보았다. 알리의 〈365일〉이라는 노래를 가지고 버블맵으로 연별로 감정의 변화를 찾아보고, 브리지맵으로 노래의 상황을 찾아보았다. 노래의 상황을 떠올리면서 학생들은 자신의 경험이나 상상을 덧붙여 보았다. 그래서 노래의 상황을 이야기로 바꾸고 그림이나 삽화로 표현하기도 했다.

스스로 찾아 나서는 시의 상황

시의 상황을 제대로 살펴보는 수업이 본 수업의 핵심이다. 학생들은 「자전거 찾기」 시에서 주인공이 어떤 상황인지 모둠별로 설정하였다. 키, 몸무게, 말버릇 등이 배제되고 굳이 살필 필요가 없는 것들까지 떠올리는 과정에서 선생님보다도 주인공에 대해 더 잘 아는 사람이 되어 버렸다. 그러면서 주인공의 상황에 대해 공감하고 나중에는 뒷이야기까지 만들고 싶어 하는 친구들도 있었다. 함께 만들어 낸 시의 주인공이 함께 자리한 수업. 책에서 아이들을 통해 살아난 이 주인공을 아이들은 이야기하고 또 이야기하면서 수업은 마무리되었다.

수업 활동지

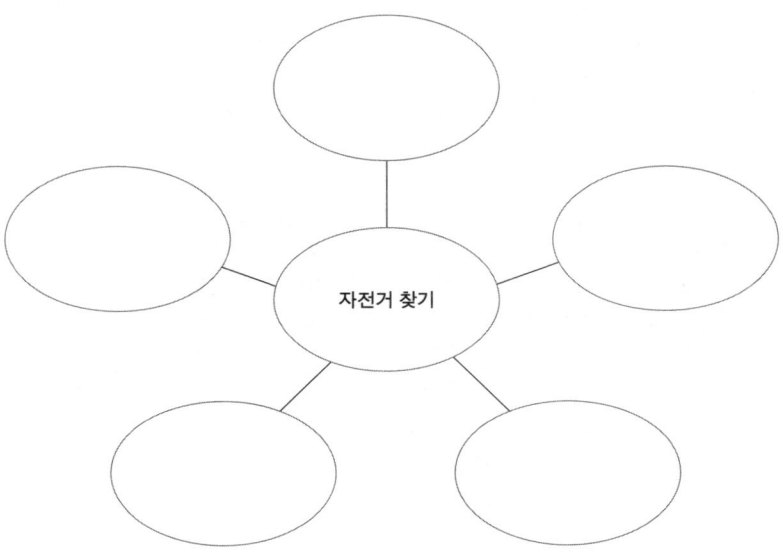

시의 상황 만들기

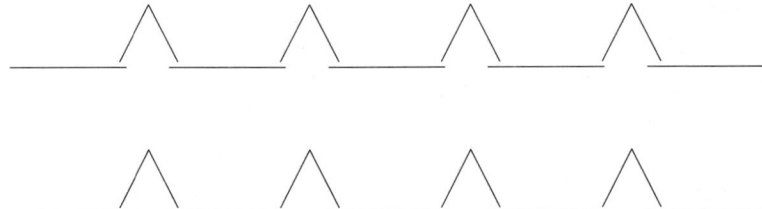

수업 Q카드로 정리

수업 Q카드
(자기 인식, 자기 조절)

☞ 소중한 것 잃어버렸던 경험
☞ 이때의 감정
☞ 「자전거 찾기」 간단한 소개
☞ 자신과 관련된 경험 연결 강조

수업 Q카드
(목표 설정)

☞ 경험을 떠올려서 시를 읽어 보자.
☞ 〈활동 1〉 시 읽기
☞ 〈활동 2〉 시의 상황 만들기
☞ 〈활동 3〉 이야기 만들기

수업 Q카드
(공감)

☞ 혼자 작은 소리로 읽어 보기
☞ 남녀별로 한 연씩 읽기
☞ 모둠별 연 읽기+감정카드(버블맵)
☞ 주인공, 배경 세팅(브리지맵)
☞ 시의 상황 파악하기(모둠 활동)
☞ 이야기 만들기

수업 Q카드
(사회화)

☞ 잃어버린 마음의 여유 이야기
☞ 보이지 않는 것에 대한 이야기
☞ 감정의 성숙과 관련된 이야기
☞ 전체 이야기 만들기

5. 문학을 활용한 감성수업 ❸
〈진짜 멋진 세상을 찾아서〉

수업 미리 보기

멋진 세상 나무에 붙임종이 붙이기

아이들 활동

나의 수업 이야기

 본 수업의 읽기 자료는 제인 구달이라는 인물에 대한 이야기 글이다. 그런데 교과서 내용이 전체에서 생략된 부분이 많아 글 자체의 완성도가 떨어진다. 그러다 보니 학생들이 흥미를 가지고 읽기에 한계가 있다. 다행히 대다수 학생들이 제인 구달에 대한 배경지식을 가지고 있어 수업 목표 도달에는 지장이 없을 것이다.
 이 수업의 목표는 이야기를 읽고 주제를 찾는 방법을 알게 하는 것이다. 전형적인 언어 사용 기능을 기르기 위한 이해 학습 영역이다. 이해 학습은 인지적인 목표 도달이 먼저이기 때문에 감성수업을 하기에 어려워 보인다. 읽기 자료 내용을 감성적으로 느끼기보다는 기준을 가지고 분석해서 답을 찾아내는 활동이 주를 이루기 때문이다.

본 수업은 수업 목표 도달을 위해 의도적으로 편집되어 학생들에게 흥미를 주지 못하는 글을 감성의 눈으로 바라보게 하도록 계획되었다. 지도서에 제시된 수업 목표의 도달은 필수사항이다.

이를 위해 주제를 찾는 방법에 집중하기보다 제인 구달의 삶 전체에 흐르는 정신(주제)을 스스로 질문을 만들어 보고 인물의 마음도 상상해 가며 찾게 할 것이다. 인물이 성장하면서 변화되는 생각과 느낌에 공감하면서 이야기를 모둠과 협력하여 간추려 보게도 할 것이다. 그러다 보면 자연스럽게 주제를 바르게 찾게 되고 그 경험을 정리하는 것이 수업 목표의 도달로 이어지게 되는 것이다.

감성수업 과정안

관련 단원	국어 4-2-가-4. 글 속의 생각을 찾아서
학습 주제	이야기 글을 읽고 인물이 추구하는 가치에 공감하기
학습 목표	이야기 글을 읽고 주제를 파악하는 방법을 안다. 이야기 글을 읽고 인물이 추구하는 가치에 공감할 수 있다.
수업 준비	가치카드, 아름다운 세상 배경음악, 세상나무, 붙임종이

단계	교수·학습 활동	자료 및 유의점
도입	① 자기 인식 ▶ 자기 성찰 질문하기 • 여러분이 생각하는 "멋진 세상", "진짜 멋진 세상"은 어떤 세상, 어떤 모습인가요? 　- 시험이 없는 세상, 학원에 안 가는 세상, 평화로운 세상, 행복한 세상 등 • 제인 구달에 대해 얼마나 알고 있나요? 　- 평생을 침팬지와 함께한 동물학자입니다. ② 자기 조절 ▶ 수업 감성 예절 확인하기 • 우리 마음속에 있는 보석들 가운데 오늘 수업에는 어떤 보석이 필요할까요? 　- 공감이라는 보석이 필요할 것 같아요. 왜냐하면 친구들의 말을 귀담아 잘 들어야 하기 때문입니다. ③ 목표 설정 ▶ 학습 문제 알아보기 - 제인 구달이 생각하는 진짜 멋진 세상은 (　　) 이다. ▶ 학습 순서 알아보기 〈활동 1〉 글 읽기 〈활동 2〉 인물의 생각 읽기 〈활동 3〉 내 생각 읽기	(자) 가치카드

	④ 공감	
	▶ 글 읽기 • 제인 구달이 생각하는 "진짜 멋진 세상"은 어떤 세상, 어떤 모습일지 생각하며 글을 읽어 봅시다.	
	▶ 질문으로 내용 파악하기 • 질문의 수준을 생각하며 모둠원끼리 질문을 만들며 내용을 파악해 봅시다. -모둠에서 나온 질문 중에 가장 좋은 질문 또는 글의 내용을 파악하는 데 가장 유용하다고 생각되는 질문을 함께 나눠 보기	
	▶ 이야기의 내용 간추리기 • 교과서 102~103쪽의 장면에 어울리는 내용을 생각하며 내용을 간추려 봅시다. -모둠별로 장면에 어울리는 내용을 간추리기	
전개	▶ 주요 인물의 가장 인상적인 말과 행동 찾기 • 주요 인물은 누구입니까? -제인 구달과 침팬지 사냥꾼입니다. • 교과서를 다시 한 번 읽으면서 주요 인물의 말과 행동 중 가장 인상적인 부분에 줄을 긋고 그 이유를 생각해 보세요. -가장 인상적인 부분은 '이 세상은 사람들만을 위해 만들어진 것이 아니다'입니다. 왜냐하면 우리 주위에 나무나 동물들도 같이 어울려 살고 있는 모습이 보이니까요. • 침팬지 사냥꾼의 말과 행동 중 가장 인상적인 것은 무엇이고 그 이유는 무엇입니까? -'그런 놈들을 팔아야 짭짤한데'입니다. 왜냐하면 침팬지를 생명체로 안 보고 돈을 벌기 위한 수단으로 생각하는 것이 놀라웠습니다.	

	▶ 인물의 생각 읽기
	• 제인 구달은 어떤 세상을 "진짜 멋진 세상"이라고 하였나요?
	  -지구에 있는 모든 생물의 가치가 존중되는 세상.
	• 그래서 어떤 행동을 하였나요?
	  -환경 운동가로 활동하고 있어요.
	• 그러면 제인 구달은 마음속에 어떤 보석을 지니고 있었을까요?	

전개		-생명 존중이라는 보석을 가지고 있었기 때문에 동물들을 보호했을 것 같아요. • 사람들은 모두 마음속에 보석이 있다고 했는데, 그렇다면 침팬지 장사꾼은 마음속에 어떤 보석을 지니고 있었을까요? -성실함, 목표의식 등이 있었기 때문에 열심히 자신의 일을 했을 것 같아요. • 그래서 어떤 행동을 하였나요? -야생동물을 불법으로 판매하는 일. • 그러면 침팬지 장사꾼의 행동은 다른 사람들에게 어떤 영향을 끼치게 되었나요? -침팬지들이 피해를 당했어요. 제인 구달같이 동물 애호가들의 마음을 더 아프게 했을 거예요. • 그러면 제인 구달이나 침팬지 장사꾼이나 다 마음속의 보석을 찾아 행동을 했는데, 왜 세상에 다른 영향을 끼치게 되었을까요? -제인 구달과 달리 침팬지 장사꾼은 마음속의 보석을 찾는 수단이나 방법이 잘못된 것 같습니다. 왜냐하면 침팬지 장사꾼은 열심히 했지만 다른 사람에게 피해를 주었기 때문입니다. ▶ 이야기 글을 읽고 주제를 파악하는 방법 정리하기 ▶ 글을 읽고 주제를 파악하기 위해 우리는 무슨 활동을 하였나요? -이야기의 내용을 질문법으로 알아보았어요. -이야기의 줄거리를 간추렸어요. -가장 인상 깊은 주요 인물의 말과 행동에 대해 알아보았어요.	(유) 이것은 공감 능력 향상을 위해 가장 중요한 부분이므로 학생들이 인지적 갈등을 통해 사고력을 확산할 수 있도록 교사가 적절한 발문을 해야 한다. (유) 교사는 학생의 생각이 깊어질 수 있도록 반응을 재촉하지 말고 기다려 주어야 한다.
정리		▶ 문학적 상상력 펼치기를 통한 내 생각 읽기 • 제인 구달이 생각하는 멋진 세상은 동물들까지도 행복한 세상이었어요. 수업을 시작할 때 여러분이 생각하는 멋진 세상은 또 이런 것이었어요. 또 다른 사람들은 어떤 세상을 멋진 세상이라고 생각하는지 인터넷을 찾아보았는데 다음과 같습니다. (존중이라는 가치, NGO 단체 활동 사진, 하트 모양 이모티콘, 가족이 행복하게 지내는 사진 등을 붙인다.)	(자) 아름다운 세상 배경음악, 멋진 세상나무 꾸밈판, 붙임종이

정리	• 오늘 공부 내용을 떠올리면서 여러분이 생각하는 멋진 세상은 어떤 모습일지 여러 가지 방법으로 다시 한 번 표현해 주세요. - 붙임종이에 자신이 생각하는 멋진 세상의 모습을 적어 붙인다.	(유) 상상력은 감성의 일부분이므로 충분한 느낌이 일어날 수 있는 학습 환경을 조성한다.

살아가는 동안 삶의 자취를 너무 깊게 남기지 않도록 해야 합니다.(제인 구달)

수업이 남긴 이야기

제인 구달이 생각하는 멋진 세상의 내용을 우리 학생들과 함께 깊이 있게 나누고 싶어서 수업을 계획했는데 수업을 하고 나니 만족스럽다. 수업을 처음 시작할 때 교과서를 읽지 않고 각자가 생각하는 멋진 세상에 대한 정의를 들어 보았다. 대부분의 학생들이 시험 없는 세상, 학원 없는 세상, 게임만 할 수 있는 세상 등 지극히 개인적이고 어쩌면 말초적인 것들을 많이 말하였다. 그런 다음 교과서를 펼쳐 제인 구달의 이야기 글을 진지하게 읽게 하였다. 분량이 적고 내용도 그다지 어렵지 않았으며 글의 끝부분에 주제가 선명하게 드러나 있어서 학생들 중 상당수가 주제를 금방 찾았다. 하지만 모든 학생이 그럴 수 있는 것이 아니고 방법을 알아내는 것이 목표인 수업이었기에 주제를 찾기 위한 세 가지의 활동을 차근차근 해 나갔다. 이미 주제를 알아 버린 학생들은 선행 학습의 부작용처럼 활동을 하면서 지루해할 것이 우려되지만 세 가지 활동 자체가 질문 만들기, 모둠별 협력 학습으로 이야기 간추리기 등 학생들이 주도적으로 하는 활동이어서 집중하지 않는 학생은 없었다. 주제, 즉 제인 구달의 멋진 세상에 대한 생각을 찾은 후 각자의 생각과 비교해 보는 시간을 가졌다. 그러면서 학생들은 진지하게 자기 자신을 성찰하게 되었고 새롭고 발전된 생각을 내면에서 끌어내기 시작하였다. 나만을 위한 행동과 남과 공동체 더 나아가 지구의 모든 생명체를 위한 행동의 다른 가치에 대해서도 인식하게 되었다.

본 수업을 통해 교사로서 학생들에게 바라는 것은 학생들이 제인 구달의 삶이 주는 메시지를 내면화하여 사고의 확장과 감성적 성장이 조금이라도 이루어지는 것이었다. 그래서 어제와 다른 교실의 모습, 큰 꿈을 가지고 행동하게 된 학생의 변화된 모습으로 흐뭇한 미소를 짓는 것이다. 하지만 수업이 끝나자마자 교실은 작은 일에 티격태격, 울퉁불퉁 난장판이다. 역시 갈 길이 멀다.

수업 Q카드로 정리

수업 Q카드
(자기 인식, 자기 조절)

- 여러분이 생각하는 멋진 세상
- 제인 구달은 어떤 사람?
- 오늘 수업 관련 가치카드(보석)

수업 Q카드
(목표 설정)

- 제인 구달이 생각하는 진짜 멋진 세상은 (　　)이다.
- 〈활동 1〉 글 읽기
- 〈활동 2〉 인물의 생각 읽기
- 〈활동 3〉 내 생각 읽기

수업 Q카드
(공감)

- 제인 구달의 멋진 세상 생각하며 글 읽기
- 질문의 수준-모둠끼리 질문 만들기
- 이야기 간추리기
- 인상적인 인물의 말과 행동 찾기
- 제인 구달과 사냥꾼의 보석 파악하기
- 두 인물의 행동이 끼친 영향 찾기
- 주제를 파악하는 방법 정리하기

수업 Q카드
(사회화)

- 우리들, 제인 구달, 다양한 사람이 생각하는 멋진 세상 보여 주기
- 학생들이 생각하는 멋진 세상 붙임종이로 다양하게 붙여 보기

6. 교과 주제통합(음악, 미술)을 활용한 감성수업
〈반려 음악을 만들어요!〉

수업 미리 보기

「아랑페즈 협주곡」 연주 장면
(John Williams, BBC, 2005)

눈감고 왼손으로 그리기
음악 감상 모습

나의 수업 이야기

음악 감상 수업을 가만히 들여다보면 음악 요소, 음악의 종류 및 특징 또는 음악사적인 안목을 기르게 하는 인지적 목표에 도달하고자 수업 설계를 많이 하고 있다. 곡의 주제를 찾아야 한다거나 악기의 종류를 구별해야 하는 것에 목표를 둔 분석적 감상 수업을 하다 보면 나무를 보고 숲을 보지 못하는 우를 범하기가 쉽다.

음악 교과의 본질을 "다양한 음악 활동을 통하여 음악의 아름다움을 경험하고, 음악을 삶 속에서 즐길 수 있도록 하는 교과"로 규정하고 있는 것처럼 음악을 들으면서 느껴지는 직관적인 자신만의 고유한 느낌, 감정의 변화 등을 찾는 활동을 하면서 저절로 음악에 빠지고 음악을 사랑하게 되는 내면화 과정을 거치게 하는 새로운 음악 감상 수업 설계가 필요하다.

아리스토텔레스는 감정을 덕도 아니고 악덕도 아닌 인간의 도덕적 삶에서 없어서는 안 될 질료(재료)와 같다고 하였다.[18] 학생들은 인간이 가진 희로애락 그 감정으로 인해 아름다운 예술이 탄생되는 과정을 음악을 통해 알게 될 것이다. 또한 친구들에게도 다양한 감정이 있으며 자신의 감정을 숨기거나 왜곡시킬 필요 없이 솔직하게 표현하되 상황과 상대를 고려하여 감정을 표현해 보는 방법을 배움으로써 인성교육의 여러 가지 덕목들이 자연스럽게 몸에 스며들게 될 것이다. 그것이 곧 감성수업이 추구하는 목표이기도 하다.

---

18) 초등학교 5~6학년군 도덕 교사용 지도서(2015), 136쪽, 교육부.

감성수업 과정안

관련 단원	음악 5-1-7-(1/2) 음악으로 하나 되는 우리
학습 주제	「아랑페즈 협주곡」을 듣고 친구의 감정 공감하기
학습 목표	음악의 느낌을 자신의 감정으로 표현할 수 있다. 작곡가의 의도를 생각하며 그 느낌을 친구들과 공감할 수 있다.
수업 준비	「아랑페즈 협주곡」, 음악 감상 활동지

단계	교수·학습 활동	자료 및 유의점
도입	① 자기 인식 ▶현재 감정들을 감정카드로 나타내 보기 •감정카드 목록에서 자신에게 가장 적합한 감정을 들어서 교사에게 보여 주기 -어떤 공부를 할지 기대됩니다. ▶친구들의 감정을 존중하고 있는지 자기 평가 하기 •붙임종이에 자신이 평소 얼마나 친구의 감정을 존중하는지 점수(10~100점)로 적어 보기	(자) 학생들 개인별 감정카드 (유) 학생들의 부정적 감정을 교사가 이해해 줌으로써 수업 분위기를 안정시키기 위함. (자) 프레젠테이션
	② 자기 조절 ▶오늘 수업 동안 자신과 친구들을 위해 어떤 자세로 공부해야 할지 생각해 보기 •아하 대화법으로 친구들의 말을 경청하기 ▶(동영상 2편) 지휘자와 오케스트라가 연주하는 영상 시청하여 차이점 알기 •하나는 독주 악기가 있고 하나는 지휘자와 오케스트라(관현악)만 있다는 것 찾아보기 ▶협주곡의 특징과 종류 알기 •협주곡은 독주 악기와 관현악에 의한 합주를 말하고 피아노, 바이올린, 플루트 등의 협주곡이 있음을 알기	(자) 아하 대화법 (자) 동영상 자료 (유) 학생들이 협주곡의 의미를 알 수 있도록 영상 자료를 활용한다. 협주곡에서 독주와 관현악이 어울리는 것처럼 감정도 공감하며 어울릴 수 있는 것으로 동기 유발한다.
	③ 목표 설정 ▶학습 문제 알아보기 -「아랑페즈 협주곡」을 듣고 (　　　)을 알아보자.	(유) 공부할 문제를 열어 두어서 정리 단계에서 학생들 스스로 어떤 학습

도입	▶ 학습 순서 알아보기 〈활동1〉 내 감정 알아보기 〈활동 2〉 친구들과 감정 나누기 〈활동 3〉 작곡가의 감정 알아보기	문제에 도달하였는지 확인해 보고자 한다.
전개	④ 공감 ▶ 내 감정에 대해 알아보기 • 왼손에 연필을 잡으세요. 눈을 감아 보세요. 음악이 들리면 자신의 느낌에 따라 학습지에 선을 그려 보세요. 동그라미, 직선, 곡선, 물결무늬도 좋습니다. 음악이 끝날 때까지 눈을 뜨지 마세요. -음악 감상하기 가장 편한 상태로 앉기 -눈을 감고 왼손으로 선을 그리며 음악 감상하기 • 눈을 뜨고 자신의 그림을 살펴보세요. 연필로 그린 선에 사인펜이나 색연필을 이용하여 그림을 찾아보세요. 도형, 알파벳, 규칙적인 선, 자연의 모습 등 자신의 눈에 보이는 어떠한 것이라도 찾아보세요(숨은그림찾기 놀이). -선으로 그린 자신의 그림 속에서 의미 있는 그림 찾기 • 음악을 들으면서 생각났던 느낌, 감정을 감정 카드에서 찾아보고 그것으로 이용하여 자신의 이야기를 3~5줄로 적어 보세요. ▶ 친구 감정에 대해 알아보기(아하 대화법 모둠 토론) • 모둠 친구들과 자신의 그림과 음악에 대한 느낌을 함께 이야기해 보세요. 친구들의 마음을 들어 보세요. 같은 음악을 듣고 어떻게 감정이 다른지 비교해 보세요. • 모둠에서 가장 느낌을 잘 표현한 친구 그림을 추천하여 발표하기 -저는 ○○의 그림을 추천합니다. 왜냐하면 자신의 느낌을 그림과 글로 실감나게 나타냈기 때문입니다.	(자) 음악 CD 자료 (유) 자신의 느낌에 집중할 수 있도록 유도, 정답이 없음을 강조, 예쁘게만 그리려고 노력하지 않아도 되는 것을 알려 줌. (유) 정답이 없고 자신의 느낌을 가장 잘 표현한 학생들 격려하고 다양한 감정을 공감해 주는 데 목적을 둔다. (유) 작곡가의 감정을 스토리 중심으로 교사가 실감나게 들려준다. 학생들이 작곡가의 감정에 이입될 수 있는 분위기를 조성한다.

전개	▶ 작곡가의 감정 알아보기 • 선생님의 이야기를 듣고 「아랑페즈 협주곡」에 드러난 로드리고의 감정은 무엇이었을까 생각해 보기 • 감정카드를 사용하여 로드리고의 다양한 감정을 알아보기 • 우리 반 친구들이 느꼈던 감정과 작곡가의 감정 비교하기 • 로드리고는 자신의 감정을 아름다운 음악을 작곡하는 데 사용한 것에 비해 우리들은 자신의 감정을 어떻게 사용하는지 생각해 보기	문제에 도달하였는지 확인해 보고자 한다.

정리	⑤ 사회화
	▶ 학습 내용 정리하기
	• 오늘 공부를 하면서 생각나는 사람이나 내 감정, 어려웠던 점, 변화된 점, 재미있었던 점에 대해 이야기해 보기
	  -눈을 감고 음악을 들으니 집중이 잘되었습니다.
	  -협주곡이란 것을 잘 알게 되었습니다.
	  -같은 곡이라도 다양한 감정이 있음을 알게 되었습니다.
	  -집에 가서 음악을 더 들어 보고 싶습니다.
	▶ 친구를 얼마나 공감하는지 점수로 나타내 보기
	• 음악을 듣고 나서 얼마나 친구 마음에 공감하는지 붙임종이로 붙여 보기
	  -수업 시작할 때보다 10점 정도 높아진 것 같습니다. 같은 곡이라도 감정이 다르다는 것을 알게 되었기 때문입니다.
	▶ 다음 시간에는 우리나라를 빛낸 음악가가 연주하는 음악을 감상하겠습니다.
	• 여러분, 수고하셨습니다.
	  -선생님, 감사합니다.
		(유) 수업 중에 공부했던 내용들을 교사와 함께 정리한다.
		(유) 수직선 점수표를 이용하여 수업 시작 전과 어떻게 공감지수가 달라졌는지 학생들과 친구들이 함께 살펴볼 기회를 가진다.
		(유) 다음 차시 음악에 대한 프레젠테이션 사진 자료 제시하기.

음악은 인간이 알고 있는 가장 최대의 선이며 우리가 땅 위에서 누릴 수 있는
천국의 모든 것이다.(조셉 에디슨)

수업이 남긴 이야기

　감성지능의 5가지 단계를 수업에 활용함으로써 감성지능 향상 수업 모델을 시도한 음악 감상 수업이었다.
　먼저, 도입 단계인 자기 인식 및 자기 조절 그리고 목표 설정 단계에서는 감정카드를 이용하여 자신의 현재 감정을 표현하게 함으로써 수업 시작하기 전 심리적 안정감과 자기 인식을 먼저 하고자 했다. 또한 오늘 수업을 통해 반 전체 친구들과 모둠 친구들과 협동하여 수업할 수 있는 자기 조절 단계를 거쳤고, 관현악과 협주곡의 동영상을 보면서 질문하기를 통해 학습 문제를 이끌어 내도록 하였다.
　그리고 전개 단계인 타인과의 감정이입, 공감하기 첫 번째 활동은 눈을 감고 왼손으로 음악의 흐름을 따라 선과 그림을 표현해 보는 음악 감상 활동을 하면서 자신 속에 있는 감정을 만나 보게 하였다. 이것은 자신의 무의식속에 있던 마음, 감정을 표현해 보는 과정이다. 두 번째 활동은 친구들은 어떤 감정을 느꼈는지 공감해 보는 것이다. 마지막으로는 작곡가의 감정을 들여다보는 활동을 통해 같은 음악이라도 감정이 다름을 알고 서로의 감정을 존중하는 마음을 갖고자 하였다.
　마지막 정리 단계인 사회성 단계에서는 본 수업을 통해 음악이 우리에게 주었던 안정감을 다시 회상해 보고 감정의 움직임도 함께 표현해 본 후 수업 이후에 자신의 감정 표현과 공감, 조절을 위해 어떻게 할 것인지 발표하게 하였다.
　이 수업은 5학년 도덕과 '감정은 소중한 내 친구' 단원과 연계해서 지도할 수 있다. 또한 수업 미리 보기 사진처럼 〈활동 3〉을 넣어 모둠끼리 모둠 문장 만들기로 토론 활동을 넣을 수 있다. 그리고 왼손으로 눈을 감고 그리기 활동은 초등학생은 물론 중고등학생들과 학부모님들과 해 봤을 때도 효과가 있었다. 자신의 마음속 이야기를 음악을 통해 할 수 있는 좋은 기회가 되었다.

수업 활동지

"＿＿＿＿＿＿＿＿"을 감상하고

(　)학년　(　)반 이름: (　　　　)

1. 느낌

＿＿＿＿＿＿＿＿＿＿＿＿＿＿＿＿＿＿＿＿＿＿＿＿＿＿
＿＿＿＿＿＿＿＿＿＿＿＿＿＿＿＿＿＿＿＿＿＿＿＿＿＿

2. 숨은 그림

＿＿＿＿＿＿＿＿＿＿＿＿＿＿＿＿＿＿＿＿＿＿＿＿＿＿
＿＿＿＿＿＿＿＿＿＿＿＿＿＿＿＿＿＿＿＿＿＿＿＿＿＿

3. 음악을 듣고 내 감상(느낌과 숨은 그림을 연결하여 감상해 보세요)

＿＿＿＿＿＿＿＿＿＿＿＿＿＿＿＿＿＿＿＿＿＿＿＿＿＿
＿＿＿＿＿＿＿＿＿＿＿＿＿＿＿＿＿＿＿＿＿＿＿＿＿＿
＿＿＿＿＿＿＿＿＿＿＿＿＿＿＿＿＿＿＿＿＿＿＿＿＿＿

학생들 감상 활동지

> 달팽이가 느리게 가듯이 이 곡도 느리게 가지만 달팽이가 느리게 가니 눈, 비, 바람 등을 맞으면서 끝까지 버티는 게 이 노래와 같이 감동적이다.

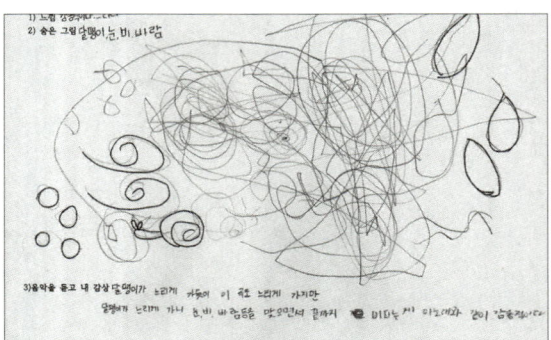

'고요하다, 부드럽다, 조용하다'라는 느낌과 숨은 그림 눈, 네잎 클로버, 복주머니, 높은음자리, 하트, 안경, M을 숨은 그림으로 찾았다. 느낌과 숨은 그림을 연결하여 '노래를 들으니 마음이 조용해졌다. 그리고 영어 M이 우리 엄마를 나타내는 것 같아 안경을 쓴 엄마가 생각났고 엄마의 맑고 초롱초롱한 눈이 생각났다'라는 감상을 했다.

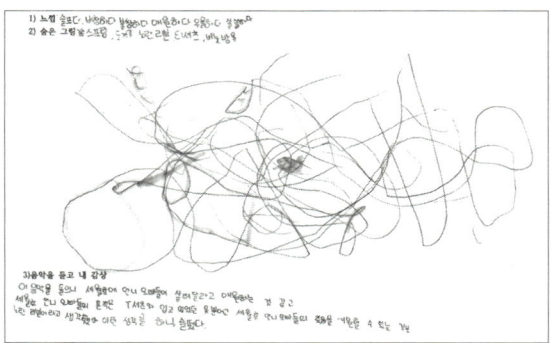

이 학생은 노란색 사인펜으로 숨은 그림을 찾다가 노란 리본, 티셔츠, 비눗방울 등을 찾게 되었다. 자연스럽게 세월호 언니 오빠들과 연관 지어 생각되었고 그 감상을 그대로 표현하여 발표하였고 반 친구들에게도 공감을 많이 받았다.

수업 Q카드로 정리

수업 Q카드
(자기 인식, 자기 조절)

☞ 현재 감정 표현하기
☞ 친구들 감정 존중 자기평가(붙임 종이-10~100점)
☞ 아하 대화법
☞ 지휘자, 오케스트라 연주 영상 차이점
☞ 협주곡의 특징과 종류 알기

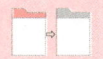

수업 Q카드
(목표 설정)

☞ 「아랑페즈 협주곡」을 듣고 (   ) 을 알아보자.
☞ 〈활동 1〉 내 감정 알아보기
☞ 〈활동 2〉 친구들과 감정 나누기
☞ 〈활동 3〉 작곡가의 감정 알아보기

수업 Q카드
(공감)

☞ 내 감정 알아보기(눈 감고 음악+연필)
☞ 사인펜으로 도형, 알파벳, 규칙성 찾기
☞ 친구 감정 알기(아하 대화법+모둠 토론)
☞ 친구 작품 추천하기
☞ 작곡가의 감정 알기(감정카드)

수업 Q카드
(사회화)

☞ 생각나는 사람, 내 감정, 어려웠던 점, 변화된 점, 재미있었던 점
☞ 친구들 공감 점수 나타내기
☞ 차시 예고-우리나라를 빛낸 음악가 연주 음악 감상하기

7. 도덕과 감성수업
〈배려와 봉사 마음의 꽃 피우기〉

수업 미리 보기

태국의 폭풍 감동 광고

양산 신양초 6학년 1반 배려 동영상

나의 수업 이야기

　수업 시간에 배웠다고 해서 배려나 봉사가 생활화되지는 않는다. 그렇다고 배려와 봉사를 하는지 계속 따라다니면서 감시할 수도 없다. 수업 시간에 과제를 해결하는 과정이 지속적으로 이어진다면 어떨까? 배려와 봉사에 대해서 좀 더 오랫동안 생각할 수 있을 것이다.
　먼저, 태국의 폭풍 감동 광고를 통해 배려와 봉사가 가진 힘과 배려를 했거나 받았을 때의 감정을 탐구한다. 그리고 감정 징검다리 활동을 통해 배려가 필요했던 순간과 배려가 이루어졌을 때의 감정을 충분히 느낄 수 있도록 한다. 마지막으로 다른 학교의 배려, 봉사와 관련된 UCC를 감상하면서 모둠별로 제작 계획을 수립하고 다음 차시에 직접 촬영·편집하여 발표한다.

  UCC를 제작하기 전에 다른 학교의 학생들이 만든 영상을 본다. 그러면서 유튜브 영상이 지닌 파급력에 대해 강조한다. 그리고 모둠에서 생각한 배려와 봉사를 우리도 제작하여 유튜브에 업로드한다. '유튜브를 통해 자신들이 만든 동영상이 확산되는 과정에서 학생들은 배려와 봉사를 좀 더 느낄 수 있지 않을까.' 하고 생각해 본다.

감성수업 과정안

관련 단원	도덕 6-2-5-(3) 이해와 공감으로 하나 되는 우리
학습 주제	배려와 봉사의 마음을 어떻게 실천할 수 있는지 알아보기
학습 목표	배려와 봉사의 가치를 실천하는 구체적인 방법 알아보기 배려와 봉사의 가치를 학급 공동의 것으로 확산시키기
수업 준비	태국의 폭풍 감동 광고(유튜브), 감정 징검다리 활동지, 다섯 고개 문제 파일, 배려와 봉사 관련 학생 제작 영상(유튜브), 감정카드, 가치카드

단계	교수·학습 활동	자료 및 유의점

도입	① 자기 인식
	
	▶ 배려가 필요했던 순간 떠올리기
	• 이것은 어떤 단어의 뜻일까요?
	• 여러분에게 배려가 필요했을 때 도움을 받지 못했던 경험이 있나요? 또 그때의 감정은 어땠나요?
	  -시험을 잘 못 봤을 때, 집에서 부모님과 안 좋은 일이 있었을 때, 친구들과 다투었을 때, 교실에서 실수했을 때, 과제가 이해가 되지 않거나 너무 어려웠을 때 등
	• 여러분이 배려가 필요할 때 도움을 받지 못해 힘들었지요? 선생님이 보여 주는 동영상에서 주인공은 배려가 필요한 상황에서 어떻게 행동하는지 살펴봅시다.
	  -화분에 물 주기, 할머니 수레 옮기는 것 도와드리기, 강아지에게 닭고기 주기, 거지에게 돈 주기, 혼자 사는 할머니에게 바나나 주기, 서 있는 사람 자리 양보하기 등입니다.
		(자) 다섯 고개 문제 프레젠테이션 파일(독일어 besorgen, 프랑스어 attention, 한자 配慮, 영어 care, 국어 도와주거나 보살펴 주려고 마음을 씀), 감정카드
		
		(자) 태국의 폭풍 감동 광고 https://www.youtube.com

	② 자기 조절 ▶ 수업 감성 예절 확인하기 • 가치와 가치가 만나면 그 가치가 더욱 빛나는, 관련된 가치가 있을 것 같아요. 배려라는 가치와 만나면 좋은 가치는 어떤 것이 있을까요? -남을 배려하려면 공감, 존중, 봉사 등이 필요할 것 같아요.	(자) 가치카드 (유) 가치카드를 칠판에 붙여 함께 볼 수 있도록 한다.

도입	③ 목표 설정 ▶ 학습 문제 알아보기 -배려와 봉사의 마음을 어떻게 실천할 수 있는지 알아보자. ▶ 학습 순서 알아보기 〈활동 1〉 감정 징검다리 활동하기 〈활동 2〉 마음 주고받기 프로젝트 UCC 제작 계획 세우기	(유) 학습 활동의 순서를 정할 때, 학생들과 대화를 하며 함께 정한다.
전개	④ 공감 ▶ 감정 징검다리 활동하기 • 배려가 필요한 대화 상황을 감정 징검다리 활동지에 써 보고 그 대화마다 감정카드를 놓아 봅시다. 〈감정 징검다리 활동지〉 -배려가 필요했던 순간의 경험 떠올리기 -A와 B로 나누어 구체적인 대화 내용을 짝과 함께 적어 보기 -A와 B 각각의 대화에 감정카드로 서로의 감정을 넣어 보기 -감정을 담아 실감나게 읽어 보고 감정 확인하기 -대화 내용과 감정을 상대방을 배려할 수 있도록 바꾸기 -바뀐 내용과 감정을 바탕으로 실감나게 읽어 보기 -감정 징검다리 활동을 통해 느낀 점 공유하기	(자) 감정 징검다리 활동지, 감정카드 (유) 배려가 필요했을 때 도움을 받지 못했던 경험을 판서해 둔 것 중에서 한 가지를 참고하여 활동지에 모둠별로 쓸 수 있도록 한다.
정리	⑤ 사회화 ▶ 마음 주고받기 프로젝트 UCC 영상 감상하기 • 양산 신양초 6학년 1반의 공익광고를 보고 느낌을 나누어 보겠습니다. -생활 속에서 우리들도 실천할 수 있는 친구들을 돕는 장면이 나와서 좋았습니다. ▶ 마음 주고받기 프로젝트 UCC 영상 제작 모둠별 계획 세우기	www.youtube.com/watch?v=5vXS8YGozAI (2:10)

정리	• UCC 영상 내용을 본 것과 모둠별로 감정 징검다리 활동한 것을 바탕으로 영상 제작 계획을 세워 보겠습니다. 　-어떤 메시지를 전달할 것인가? 　-구체적으로 어떤 배려와 봉사를 보여 줄 것인가? 　-촬영 장소와 음악은 무엇으로 할 것인가? 　-편집은 vivavideo(휴대폰용)나 movie-maker(컴퓨터용) 중 어떤 것으로 할 것인가? • UCC 영상 제작 계획을 발표해 보겠습니다. 　-모둠별로 UCC 영상 제작 계획을 발표한다.	www.youtube.com/watch?v=jNtGRYeOokg (1:22)

인생은 짧은 이야기와 같다. 중요한 것은 그 길이가 아니라, 가치다.(세네카)

수업이 남긴 이야기

　수업에서 감정 징검다리와 같은 글쓰기나 UCC 제작과 같은 표현 활동에 앞서 충분히 상황에 대한 상상하기를 하는 것이 중요하다. 그래서 본격적인 활동을 하기에 앞서 태국의 폭풍 감동 광고를 보면서 충분히 대화를 나누게 하였다.

　감정 징검다리 활동지는 원활한 촬영을 위한 시나리오이기도 하다. 무작정 UCC를 제작하면 마음에 들지 않아서 여러 번 고치고 다시 촬영하는 일이 많고, 이는 제작의 효율성을 떨어뜨린다. UCC 제작 의도인 배려, 봉사가 말이나 행동에서 잘 드러나지 않기 때문인데, 감정 징검다리 활동지를 채우고 고쳐 가면서 마음에 드는 대사를 정하고 나면 수정을 줄일 수 있다. 세상에서 가장 먼 길이 머리에서 가슴에 이르는 길이라 한다. 도덕 시간에 수많은 교훈을 접하지만 이를 실천하기란 어른조차도 힘이 든다. 학생들은 교훈을 소화시키기 위한 활동이 반드시 필요하다. 진지하고 엄숙한 분위기에서 덕목으로서 도덕을 배우기보다는 이를 한번쯤 생각해 볼 수 있는 즐거운 활동을 거친다면 참 기억에 남는 배움이 될 것 같다.

수업 활동지

배려가 필요했던 순간

A _____
B _____
A _____
B _____
A _____
B _____

배려가 이루어졌을 때

A _____
B _____
A _____
B _____
A _____
B _____

수업 Q카드로 정리

수업 Q카드
(자기 인식)

- 다섯고개 문제(프레젠테이션) - 배려
- 도움을 받지 못한 경험
- 태국의 폭풍 감동 광고
- 배려의 내용 판서

수업 Q카드
(자기 조절, 목표 설정)

- 오늘의 가치 찾기(가치카드)
- 배려와 봉사의 마음을 어떻게 실천할 수 있는지 알아보자
- 1. 감정 징검다리 활동하기
- 2. UCC 제작 계획 세우기

수업 Q카드
(공감)

- 배려가 필요할 때
- A, B 대화문 쓰기
- 감정 넣기, 읽기, 감정 공유
- 배려가 이뤄졌을 때
- A, B 대화문 바꾸기
- 실감나게 읽기
- 소감 공유하기

수업 Q카드
(사회화)

- 양산 신양초 6-1 공익광고 감상 느낌 공유
- 모둠별 제작 계획
- 메시지, 장면, 장소, 음악 편집 도구
- 모둠별 계획 발표

8. 실과과 감성수업
〈꿈 레몬 씨앗을 심어요〉

수업 미리 보기

여러 가지 씨앗을 심고
활동지를 정리하는 과정

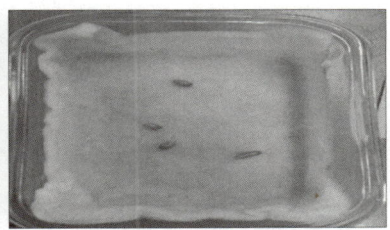

레몬 씨앗과 레몬 씨앗을
발아통에 넣은 모습

재배 방법 설명을 듣는 학생들

무를 직접 재배했던 소감 쓰기

나의 수업 이야기

시간을 들여 무언가를 기른다는 것의 매력

식물을 가꾸는 과정은 100일 정도 소요되는 게 보통이다. 이번 수업을 위해 학생들과 함께 봄부터 여러 채소를 길러 보았다. 그 과정에서 학생들이 자연스럽게 관심을 갖게 되었다. 무언가를 지켜본다는 것은 어른으로서도 상당한 여유와 애정이 필요한 일이다. 인생을 살아가면서 여유와 애정을 가지고 뭔가를 지켜보는 경험이 학생들에게 얼마나 소중할 것인가?

식물의 선택

차시 수업을 위해 식물을 선택할 때 '주위에 버려지는 것을 재활용할 수 있는가?', '우리 지역에서 재배 가능한가?' 두 가지를 고민하였다. 레몬은 디톡스 열풍과 더불어 가정에서 종종 먹게 되는데 씨앗은 다른 용도가 없어 버리기 일쑤였다. 그리고 지역 특성상 겨울에 거의 눈이 오지 않을 정도의 기온이 유지되고 우리 반 학생 전체가 아파트에 살고 있어서 일반 주택에 비해 추운 겨울에도 실내에서 레몬이 죽지 않을 정도의 온도를 유지할 수 있겠다는 판단을 했다.

상상해 보자

레몬은 열매를 맺으려면 보통 5년 이상 시간이 필요하다. 그러나 열매뿐만이 아니라 잎에도 레몬향이 있다는 사실을 아는 사람은 드물다. '레몬이 열매를 맺도록 키운다면 집 안에 레몬의 향이 가득하지 않을까?' 하는 생각이 들었다. 그리고 오랜 시간을 들여 비로소 열매를 맺는 레몬처럼 학생들의 꿈도 그러하다는 것을 알려 주고 싶었다. 상상해 보자. 5년을 열심히 레몬과 함께 꿈을 키운 학생, 레몬 씨앗과 친구가 된 학생이 결국에 열매가 된 레몬을 어떤 눈으로 바라볼지를…….

감성수업 과정안

관련 단원	실과 6-2. 생활 속의 동식물 이용(5/6)
학습 주제	래디시와 레몬을 가꾸는 과정과 방법에 따라 가꾸기
학습 목표	식물을 가꾸는 과정과 방법에 따라 가꿀 수 있다. 자신의 꿈을 확인하고 친구들과 공유할 수 있다.
수업 준비	래디시 학습지, 레몬 씨앗, 발아통, 레몬 가꾸기 블로그 자료, 교과서 관찰일지

단계	교수·학습 활동	자료 및 유의점
도입	① 자기 인식 ▶ 키웠던 식물 떠올리기 • 지금까지 우리 반에서 길렀던 식물을 말해 봅시다. -파프리카, 토마토, 감자, 고구마, 옥수수, 오이, 래디시 • 식물을 가꾸면서 어려움이 있었던 식물이 있었습니까? -래디시 가꾸기가 어려웠습니다 등 • 그러면 오늘은 래디시와 레몬을 가꾸는 과정과 방법을 알아보고 실습을 해 봅시다.	(유) 래디시를 떠올리지 못하면 교사가 안내한다. (자) 감정카드
	② 자기 조절 ▶ 활동에 숨어 있는 가치 찾기 • 지난 시간을 돌아보니 어떤 가치를 찾을 수 있을까요? -감사, 사랑, 인내, 근면, 자율, 한결같음 등을 찾을 수 있을 것 같습니다. • 지난 시간을 잘 돌아보고 정리해서 소중한 가치들을 찾아보기로 합시다.	(자) 가치카드

도입	③ 목표 설정 ▶ 학습 문제 확인 -래디시와 레몬을 가꾸어 보자. ▶ 학습 순서 알아보기 〈활동 1〉 래디시 가꾸는 방법 알기 〈활동 2〉 레몬 가꾸는 방법 알기 〈활동 3〉 발아시키는 방법 알기(실습) 〈활동 4〉 꿈과 관련된 이름 정하고 발표하기	(유) 준비물로 레몬 씨앗을 준비해 왔기 때문에 따로 언급하지 않아도 된다.

전개	④ 공감
	
	▶ 래디시 가꾸는 방법 알기
	• 래디시 학습지 제공
	  1. 밭 일구기
	  -화분(플랜터)을 이용할 수 있다.
	  2. 씨 뿌리기
	  -2cm 간격으로 뿌리고 1cm 두께로 덮는다.
	  3. 솎아 내기
	  -솎아 내기는 잎의 수에 따라 한다.
	  4. 웃거름, 중간갈이
	  -웃거름을 주고, 흙과 섞어 준다.
	  5. 수확
	  -뿌리가 굵어진 것부터 차례로 수확한다.
	• 뿌리가 굵은 래디시로 키우기 위해 우리가 해야 할 노력을 학습지 아래에 적고 발표해 봅시다.
	  -밑거름을 준다, 솎아 준다 등
	• 교과서 44쪽 관찰일지를 작성하고 사진은 학급 게시판의 '달팽이, 개구리, 고추, 감자' 게시판에 간략한 설명과 함께 올려 주세요.
	
	▶ 레몬 가꾸는 방법 알기
	• 레몬 가꾸기 블로그 자료 제시
	• 레몬을 가꾸는 과정과 방법을 말해 봅시다.
	  -씨앗을 발아시킵니다.
	  -화분에 밑거름을 주고 준비합니다.
	  -더 자라면 화분에 심습니다.
	  -햇빛과 온도를 조절하고 물을 줍니다.
	
	▶ 발아시키는 방법 알기
	• 발아시키는 방법을 알아봅시다. 우선 옥수수와 고구마, 레몬 씨앗을 관찰해 봅시다.
		(자) 래디시 학습지
		
		(유) 학생 개인이 래디시를 가꾸어 본 경험을 살려 설명해 보도록 안내한다.
		
		(자) 관찰일지
		
		(자) 레몬 가꾸기 블로그 자료
		
		(유) 블로그 자료 링크가 학급 게시판에 링크되어 있음을 안내한다.
		
		(자) 옥수수, 고구마, 레몬 씨앗, 발아통
		
		(유) 관찰 기준을 정하여 비교할 수 있도록 안내한다.
		
		(유) 발아 조건 중 물에 대한 내용은 교사가 안내한다.
		
		(자) 붙임종이, 배경음악

전개	• 옥수수와 고구마 비교하기 　-옥수수는 씨앗을 심고 고구마는 줄기를 심어 가꿉니다. • 옥수수와 레몬 씨앗 비교하기 　-옥수수와 달리 레몬 씨앗은 딱딱한 껍질에 싸여 있습니다. • 발아의 조건(물) 　종자는 그 속에 여러 종류의 발아 억제 물질이 있습니다. 이 물질은 물에 녹는 성질이 있어 물을 주게 되면 이 발아 억제 물질을 녹여 줌으로써 발아가 됩니다. 발아 억제 물질이 있는 기간을 휴면 기간이라 하고 발아 억제 물질을 물로 녹여 주는 것을 휴면 타파라고 합니다. • 씨앗에 물이 들어가기 위해서는 어떻게 해야 할까요? 　-껍질을 까야 합니다. • 껍질을 까 봅시다. 　※ 주의할 점 　씨앗의 한쪽 끝을 손톱으로 밀어 천천히 깐다. 　씨앗의 알맹이가 상하지 않도록 깐다. ▶ 꿈과 관련된 레몬의 이름 정하고 발표하기 • 발아통에 넣고 붙임종이에 기록해 봅시다. 꿈과 관련된 레몬의 이름과 날짜를 쓰고, 친구의 레몬에다 덕담 한마디를 써 주도록 합시다. 　-꿈과 관련된 레몬의 이름, 날짜, 덕담	
정리	⑤ 사회화 ▶ 알게 된 점이나 느낀 점 • 알게 된 점이나 느낀 점을 이야기해 봅시다. 　-래디시는 밑거름을 주고 속아 내기를 해야 합니다. 　-레몬 씨앗은 껍질을 까야 발아가 잘됩니다. ▶ 차시 예고 • 다음 시간에는 애완동물을 돌보는 방법과 주의할 점을 알아보도록 하겠습니다.	(유) 허용적인 분위기에서 정리를 한다.

자연의 자태만 보아도 그것은 하나의 즐거움이다.(R. W. 에머슨)

수업이 남긴 이야기

초등학교의 학생 시절을 마무리 짓는 6학년 2학기에 작은 레몬 씨앗을 바라보며 학생들은 무슨 생각을 할까? 각자의 꿈은 이 작은 레몬 씨앗처럼 작을 수도 있다. 레몬 씨앗 같은 그들의 꿈을 스스로 바라보고 보살필 수 있도록 도와주고 싶다는 생각이 들었다.

졸업이 가까워졌다. 꿈을 향한 학생들의 마음은 불안하기 짝이 없다. 그렇지만 1년을 함께해 온 주변 친구들이 있기에, 친구들이 서로 덕담으로 응원하고 격려해 주었기에 꿈을 향해 나아가려는 용기는 점점 커질 것만 같다.

학생들은 졸업을 하면서 지나온 학교생활 중에 어떤 것을 기억할까? 열심히 풀었던 수학 문제나 정성껏 조사했던 사회 과제일까? 학생들은 인지 중심의 수업보다는 노작이 중심이 되는 사육이나 재배 활동을 더 오래 기억하는 경향이 있다고 한다.

교육은 지식을 전달하는 것이 전부가 아니라 소중한 시간을 선생님, 친구들과 함께 보내고 추억을 만드는 과정이기도 하다. 앞으로의 시간도 목표를 향해 뛰기만 하는 시간이 아니라 친구와 좋은 추억들을 엮어 가는 그런 중학교 생활이 되기를 바란다.

수업 Q카드로 정리

수업 Q카드
(자기 인식, 자기 조절)

☞ 키웠던 식물 떠올리기
☞ 감정카드와 함께 어려웠던 점 떠올리기
☞ 활동에 숨어 있는 가치 찾기

수업 Q카드
(목표 설정)

☞ 래디시와 레몬을 가꾸어 보자.
☞ 래디시 가꾸는 방법 알기
☞ 레몬 가꾸는 방법 알기
☞ 발아시키는 방법 알기(실습)
☞ 꿈과 관련된 이름 정하고 발표하기

수업 Q카드
(공감)

☞ 래디시 가꾸는 방법 알기(활동지)
☞ 관찰일지(실과 44) 작성
☞ 레몬 발아시키는 방법 알기
☞ 꿈 관련 이름, 날짜, 덕담 적기

수업 Q카드
(사회화)

☞ 알게 된 점이나 느낀 점
☞ 차시 예고-애완동물 돌보는 법, 주의할 점

9. 사회과 감성수업
〈머리와 가슴의 컬래버레이션〉

수업 미리 보기

의사결정을 위해 짝끼리 토론하는 장면

나의 수업 이야기

초등학교에서 사회 현상을 소재로 수업하기가 쉽지 않다. 학교, 학원, 집만 쳇바퀴처럼 도는 요즘의 학생들에게는 더욱 그렇다. 교과서나 학습서 외에 관심을 두기 힘든 현실에서 사람과 사람의 관계 속에서 발생하는 여러 가지 현상들을 책이나 말로 설명하는 것은 수박 겉핥기식의 수업밖에 될 수 없다.

사회 과목은 먼저 인간사회의 여러 모습을 관찰하는 것부터 출발한다. 멀리 갈 필요도 없이 친구가 살아가는 모습, 선생님이 살아가는 모습, 이웃의 생활 등에 관심을 가지고 그 속에서 삶의 소소한 원리를 발견해 나가는 것을 목적으로 한다. 그런 것들의 확장이 우리 사회이고 나라이며 세계의 모습이기 때문이다. 본 수업은 도시간 인구 이동의 모습을 살피고 원인을 파악한 후 그 속에서 발생하는 문제를 원만하게 해결해 나가는 방법을 체험해 보는 것이다.

일상생활을 하다가 문제가 발생할 때 대부분 어떤 식으로 해결을 도모하는가? 대부분 합리적이고 이성적인 방법을 최선으로 여긴다. 하지만 모든 결정에 논리적이고 이성적인 기제만 사용하는 것은 아니다. 인간이기에 감정이 관여하지 않을 수 없다.

본 수업은 그러한 것을 모두 수용하고 인정하면서 의사결정을 하는 경험을 갖도록 함을 목적으로 한다.

감성수업 과정안

관련 단원	사회 4-2-3. 도시로 모이는 사람들
학습 주제	인구 이동의 사례 살펴보기
학습 목표	인구 이동의 사례를 통해 합리적으로 의사결정 해 보기
수업 준비	실물화상기, 학습지(의사결정지), 감정카드

단계	교수·학습 활동	자료 및 유의점
도입	① 자기 인식 ▶ 학습할 핵심 낱말과 감정 연결하기 • '도시', '시골', '이사'라는 낱말과 어울리는 감정을 감정카드에서 골라 이유를 들어 발표해 보기 ▶ 출발점 행동 고르기 • 지난 시간에 무엇을 배웠는지 말해 보기(실물화상기에 교과서를 제시하기) ② 자기 조절 ▶ 의사결정 상황 확인 • 문제 상황을 사례를 들어 제시하기 여수시 학동 ○○○아파트에 사는 여돌이네는 고민이 생겼습니다. 얼마 전 여돌이 아버지가 직장에서 작은 어촌으로 발령이 나셨습니다. 여돌이 가족은 함께 이사를 가야 할지, 아니면 아버지만 혼자만 가셔야 할지 정해야 합니다. • 위 사례가 고민이 되는 이유를 살펴보기 -도시와 촌락의 자연환경과 인문환경의 차이를 들어 발표한다. -가족이 어떠한 이유로 떨어져 사는 것은 괜찮을까에 관점을 두고 발표한다. ▶ 수업 감성 예절 확인하기 • 이번 시간에 우리 모두를 위해 지켜야 할 수업 예절에 대해 이야기해 보기 -모둠 활동 시 친구와 협동합니다. -아하! 대화법으로 친구의 말을 잘 듣습니다. -발표할 때는 친구를 배려하며 알맞은 목소리로 발표합니다.	(자) 가치카드

도입	③ 목표 설정 ▶학습 문제 알아보기 -내가 만약 여돌이 가족이라면 어떻게 할까?	

전개	④ 공감
	
	▶대안 작성하기
	• 여돌이 가족의 고민거리를 정리해 보기
	  -가족이 함께 이사를 가야 할지, 아버지만 가셔야 할지가 고민입니다.
	  -도시에서 살 것인지, 촌락에서 살 것인지가 고민입니다.
	  (여돌이 가족의 심각성을 인식시켜 여돌이 가족으로의 감정이입이 될 수 있도록 한다.)
	• 여돌이 가족이 후회가 없게 하기 위해서 신중한 결정을 해야 하는데 어떻게 하면 될까요?
	  -교과서 80쪽을 보고 인구가 대도시로 집중되는 이유를 참고하면 됩니다.
	  -어촌의 좋은 점도 생각해 보아야 합니다.
	  -그 어촌에 직접 방문하여 상황을 살핀다.
	  -각각의 장단점을 충분히 생각한 후 결정한다 등
	• 결정을 하기 전에 참고할 자료를 소개하겠습니다. 사회 교과서 80쪽과 우리 반 송○○ 어린이와 최○○ 어린이의 경험을 참고하세요.
	  (최○○의 일기장. 사전에 양해를 구함, 송○○은 엄마와 떨어져 생활하는 것에 대한 생각과 감정을 발표함)
	▶의사결정 과정표 기록하기
	• 대안들을 의사결정 과정표에 기록하기
	  -자신의 생각과 모둠원들의 생각을 통합하여 작성한다.
		(유) 송○○과 최○○ 어린이는 직업 사정상 송○○은 아버지와 최○○는 어머니와 생활하고 있음.

정리	⑤ 사회화 ▶최종 선택하기 • 여돌이의 입장이 되어 가장 바람직하고 현명하게 선택하기 -아버지만 가시고 나머지 가족은 여수에 남겠습니다. 그 이유는…….	

정리	-모든 가족이 모두 이사하기로 하였습니다. 그 이유는……. ▶ 최종 선택을 내면화하기 • 각자 선택한 대로 여돌이에게 조언해 주는 편지를 써 봅시다. -간략하게 이유와 함께 쓴다. ▶ 각자 쓴 편지를 제출하기 (간단히 쓰게 하기 위해 편지의 일반적인 형식은 생각하지 않게 한다. 포스트잇을 제공하여 분량을 조절할 수도 있다.)	(유) 허용적인 분위기에서 정리를 한다.

다정하고 조용한 말은 힘이 있다.(에머슨)

수업이 남긴 이야기

여돌이네 가정에 발생한 문제를 해결할 때 주의할 점은 감정이입을 해야 설득력 있는 해결책이 나온다는 것이다. 설득은 상대방의 마음을 움직여야 하는 것이기 때문에 내 문제로 인식하지 않고 나온 해결책은 상대방에게 별 의미를 주지 못한다. 문제를 해결할 때 이성적인 기제와 감성적인 기제가 함께 작동하게 되는데 감성적인 기제에 최○○ 학생의 체험적인 일기 글이 많은 도움을 주었다. 여학생의 감수성과 아버지에 대한 그리움이 충분히 묻어난 내용으로 학생들의 마음을 흔들어 놓았기 때문이다. 그래서 그런지 많은 학생들이 가족이 함께 모여 사는 것을 선택하였다. 사회 현상을 교실로, 친구의 경험으로 가져와 함께 하니 사회 경험이 적은 학생들도 충분히 이해할 수 있고 공감할 수 있었다.

수업 활동지

	가족이 함께 촌락으로 이사를 간다.	도시에 살지만 아버지와 떨어져 살아야 한다.
장점		
단점		

나의 결정은? _____
_____
_____

수업 Q카드로 정리

수업 Q카드
(자기 인식)

☞ 도시, 시골, 이웃 감정 연결하기 (감정카드)
☞ 출발점 행동 고르기
☞ 의사결정 상황 확인

수업 Q카드
(자기 조절, 목표 설정)

☞ 수업 감성 예절 확인하기
☞ 내가 만약 여둘이 가족이라면 어떻게 할까?

수업 Q카드
(공감)

☞ 대안 작성하기
  - 고민거리 정리, 결정 기준 참고하기
  - 두 어린이의 경험 참고하기
☞ 의사결정 과정표 기록하기

수업 Q카드
(사회화)

☞ 최종 선택하기
☞ 최종 선택을 내면화하기
☞ 각자 쓴 편지를 제출하기

10. 과학과 감성수업
〈산성아, 염기성아! 우리는 만나야 한다〉

수업 미리 보기

마술 영상을 통한 흥미 유발

산성과 염기성의 만남

나의 수업 이야기

감성수업을 하기에 가장 어려운 과목으로 수학과 과학을 꼽는다. 수학과와 과학과는 논리적 사고와 지식으로 구성되어 있어 딱딱하다는 인식이 있기 때문이다. 하지만 정서적 기억이 함께 하는 인지적 지식은 장기 기억으로 오래도록 기억된다. 그러므로 감성수업은 지식의 특성이나 사고의 성질에 구애받지 않아야 한다.

산성 용액과 염기성 용액의 반응 양상을 공부하는 전형적인 과학 수업이지만 감성의 옷을 입히면 어떤 모습이 될까? 실험을 앞둔 느낌을 나누고, 실험 안전과 관련된 생각을 나누고, 실험이 지닌 가치와 나에게 다가오는 의미를 발견하면서 친구와 공감하며 토론해 본다면 과학은 멋진 과목으로 기억될 것이다.

감성수업 과정안

관련 단원	과학 5-2-2. 산과 염기(7/11)
학습 주제	산성 용액과 염기성 용액이 만나면 어떻게 되는지 알아보기
학습 목표	산성 용액과 염기성 용액이 만나면 어떻게 되는지 설명할 수 있다. 친구의 의견에 공감하며 토론할 수 있다.
수업 준비	프레젠테이션 자료(파워포인트), 삼각 플라스크, 비커, 눈금실린더, 스포이트, 사이다, 석회수, 붉은 양배추 지시약

단계	교수·학습 활동	자료 및 유의점
도입	① 자기 인식 ▶ 주변 상황을 살피고 느낌 말하기 • 지금 교실 상황을 살펴보세요. 어떤 생각이나 느낌이 드나요? 감정카드로 표시해도 됩니다. -여러 실험 기구들을 보니 오늘 수업이 기대가 됩니다. -유리로 된 실험 도구들을 보니 깨질 것 같아 불안합니다. ▶ 선생님의 감정 표현하기 • 여러분이 과학 실험을 아주 좋아하니까 수업하는 선생님은 행복합니다. 하지만 교실이 소란스러워지고 실험에 집중하지 못하는 친구가 생길까 봐 걱정이 되기도 합니다. ▶ 전시 학습 상기하기 • 이전 시간에 무엇에 대하여 배웠습니까? -산성 용액과 염기성 용액에 여러 물질을 넣어 보았습니다.	(자) 감정카드 (자) 프레젠테이션 자료, 학습지 (유) 예습적 과제를 확인하며 이전에 배웠던 내용을 정리한다.

도입	－산성 용액과 염기성 용액의 성질을 알아보았습니다. • 각종 지시약과 산성 용액, 염기성 용액이 반응하면 어떻게 됩니까? 　－산성은 푸른 리트머스 용액을 붉게, 염기성은 붉은 리트머스 종이를 푸르게 만듭니다. 　－염기성 용액은 페놀프탈레인 용액을 붉게 만듭니다. 　－붉은 양배추 지시약은 산성과 염기성 용액에서 색깔이 다양하게 변합니다. ▶ 학습 동기 유발하기 • 다음 동영상에서 무엇을 볼 수 있습니까? 　－용액을 섞을 때마다 색깔이 변하는 마술을 보았습니다. • 동영상에서 용액의 색깔이 변하는 이유는 무엇일지 예상해 봅시다. 　－용액의 성질과 관련이 있을 것 같습니다. 　－산성 용액과 염기성 용액이 서로 섞이면서 색깔이 변한 것 같습니다.	(자) 동영상 자료 (유) 산성 용액과 염기성 용액이 만나면 어떻게 될지 예상해 보게 한다. (유) 어떤 지시약으로 산성 용액과 염기성 용액의 반응을 실험해 보면 좋을지 생각해 보게 한다.
	② 자기 조절 ▶ 수업 감성 예절 가치카드로 알아보기 • 과학 실험을 할 때 우리가 찾아야 할 내 마음속 보석은 무엇일까요? 　－협동의 보석입니다. 왜냐하면 모둠끼리 협동을 잘해야 실험을 잘하고 공부를 잘할 수 있기 때문입니다. 　－사랑의 보석을 찾아야 합니다. 왜냐하면 실험 도구를 사랑해야 실험이 잘될 수 있을 것 같습니다.	(자) 가치카드
	③ 목표 설정 ▶ 학습 문제 알아보기 　－산성 용액과 염기성 용액이 만나면 어떻게 될까요? ▶ 학습 문제가 나에게 주는 의미 알아보기 • 학습 문제가 나에게 주는 의미는 무엇일까요?	(유) 학습 문제를 직접 제시하도록 유도한다.

도입	-오늘 공부를 하면 산성용액과 염기성 용액의 성질을 더욱더 확실히 알게 될 것 같아 기대됩니다. ▶ 학습 순서 파악하기 • 이번 시간에 어떤 순서와 방법으로 공부하면 좋겠습니까? 〈활동 1〉 산성 용액에 염기성 용액 넣기 〈활동 2〉 염기성 용액에 산성 용액 넣기 〈활동 3〉 그림 그리기	(유) 학습 문제를 직접 제시하도록 유도한다.	
전개	④ 공감 ▶ 산성 용액에 염기성 용액 넣기 • 다음 순서에 따라 산성 용액에 염기성 용액을 넣으면서 관찰해 봅시다. -먼저 삼각 플라스크에 산성 용액 20ml를 넣습니다. -산성 용액에 붉은 양배추 지시약을 넣고 색깔 변화를 관찰합니다. -산성 용액에 염기성 용액을 5ml씩 넣으며 색깔 변화를 관찰합니다. • 지시약의 색깔은 어떻게 변합니까? -염기성 용액의 양이 많아질수록 지시약의 색깔이 붉은색에서 보라색으로 변하고, 보라색에서 푸른색으로 변합니다. • 산성 용액에 염기성 용액을 넣으면 용액의 성질은 어떻게 됩니까? -산성이 점점 약해집니다. ▶ 염기성 용액에 산성 용액 넣기 • 어떤 순서와 방법으로 염기성 용액에 산성 용액을 넣으면 좋겠습니까? -먼저 삼각 플라스크에 염기성 용액 20ml를 넣습니다. -염기성 용액에 붉은 양배추 지시약을 넣고 색깔 변화를 관찰합니다. -염기성 용액에 산성 용액을 5ml씩 넣으며 색깔 변화를 관찰합니다. • 지시약의 색깔은 어떻게 변합니까? -산성 용액의 양이 많아질수록 지시약의 색깔이 노란색에서 푸른색을 거쳐 보라색으로 변하고, 보라색에서 붉은색으로 변합니다.	(자) 프레젠테이션 자료(파워포인트), 삼각 플라스크, 비커, 눈금실린더, 스포이트, 사이다, 석회수, 붉은 양배추 지시약 (유) 각종 과학 실험 기구를 정확하고 안전하게 사용하게 주의한다. (유) 활동 1의 과정과 비교 및 정리하며 실험을 진행하게 유도한다. (유) 판서를 이용하여 산성 용액과 염기성 용액이 만났을 때의 변화를 정리한다. (자) 24홈판	

전개	• 염기성 용액에 산성 용액을 넣으면 용액의 성질은 어떻게 됩니까? 　-염기성이 점점 약해집니다. ▶ 그림 그리기(모둠과 공감하며 토론하기) • 모둠별로 24홈판에 주어진 그림을 그려 봅시다. 　-먼저 붉은 양배추 지시약을 이용해 어떤 용액이 담겨 있는지 구분한다. 　-제시된 패턴을 만들기 위해 산성 용액 또는 염기성 용액을 이용하여 색깔을 변화시킨다.	
정리	⑤ 사회화 ▶ 학습 내용 정리하기 • 산성 용액에 계속 첨가되는 염기성 용액에게 산성 용액은 어떤 이야기를 할 것 같은가요? 상상해 보세요. 　-내가 점점 약해지고 있어. 그만 들어와 줄래? • 오늘 수업은 "나에게 ~~~이다"로 발표하기 ▶ 차시 예고하기 • 다음 시간에는 우리 생활에서 산성 용액과 염기성 용액을 어떻게 사용하는지 알아보겠습니다.	(유) 허용적인 분위기에서 정리를 한다.

과학은 일상적인 생각을 보다 치밀하게 다듬은 것에 지나지 않는다.(앨버트 아인슈타인)

수업이 남긴 이야기

　교과의 특성과 관계없이 감성이 함께하지 않는 지식은 기억에 오래 남지 않을뿐더러 사람의 냄새를 갖지 못한 공부는 인성교육의 방향과도 맞지 않는다.
　과학 실험 수업은 학생들에게는 즐겁고 재미있어 늘 기대되는 수업이지만 교사에게는 준비할 것도 많고 학생들이 소란스러워지기 때문에 거추장스럽고 부담스러운 것임에 틀림없다. 특히 실험 도구 조작법에 대한 사전 훈련이나 협력 학습 능력이 제대로 갖추어지지 않은 학급에서는 사고로 이어지거나 수업 목표에 도달하지 못할 수 있는 위험도 있다.
　때문에 학기 초부터 계속 기본 학습 훈련을 연습한 결과 실험 수업에 어느 정도 익숙해져서 본 수업을 공개수업으로 계획했지만 감성을 일깨우는 활동을 함께한 수업은 처음이었다. 처음에는 어색해 했지만 학습의 문제를 나의 문제로 의미를 부여하게 하였고 모둠 실험에서도 실험의 과정이나 결과보다는 수업 감성 예절을 강조했더니 교실이 훨씬 정돈된 느낌이었다. 학습 정리 또한 수업의 의미를 문장으로 표현하면서 학습 정리가 되면서도 내면을 성찰할 수 있는 경험을 하게 되었다는 반응이 있었다. 딱딱할 것 같은 과학 수업도 감성의 옷을 입으니 이보다 더 따뜻할 수는 없었다.

수업 Q카드로 정리

수업 Q카드
(자기 인식, 자기 조절)

☞ 주변 상황을 살피고 느낌+선생님의 감정
☞ 전시 학습 상기
☞ 학습 동기 유발
☞ 수업 감성 예절 확인하기

수업 Q카드
(목표 설정)

☞ 산성 용액과 염기성 용액이 만나면 어떻게 될까?
☞ 학습 문제가 나에게 주는 의미 알아보기
☞ 산성 용액에 염기성 용액 넣기
☞ 염기성 용액에 산성 용액 넣기
☞ 그림 그리기

수업 Q카드
(공감)

☞ 산성 용액에 염기성 용액 넣기
☞ 염기성 용액에 산성 용액 넣기
☞ 그림 그리기(모둠과 공감하며 토론하기)

수업 Q카드
(사회화)

☞ 학습 내용 정리하기-상상하기
☞ 차시 예고-산성 염기성 사용 방법

11. 수학과 감성수업 ❶
〈동동이와 떠나는 '시각과 시간' 여행〉

수업 미리 보기

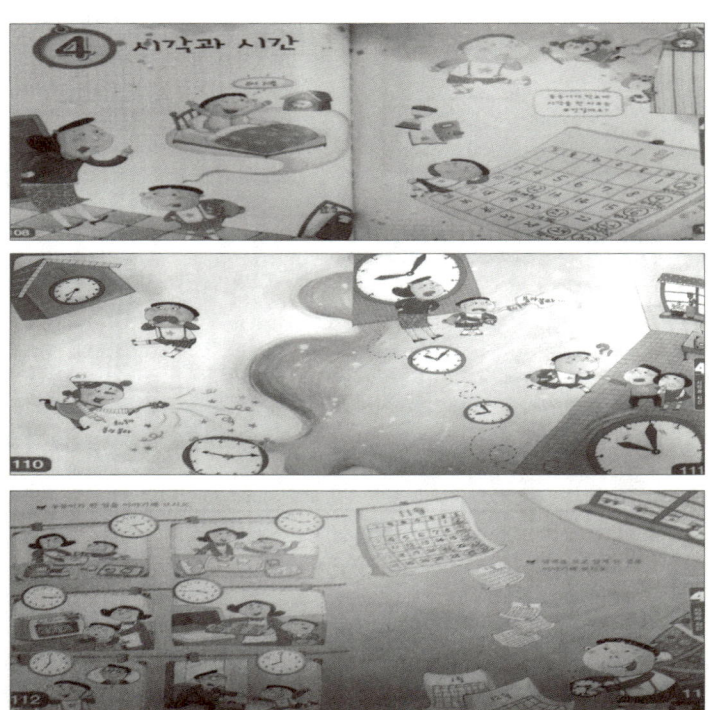

스토리텔링 교과서 장면

나의 수업 이야기

　시각과 시간은 생활 속에서 사람들 사이의 약속 기준이 되는 경우가 많다. 학창 시절, '시각'과 '시간'을 정확히 인지하지 못해 두 개념을 구분하지 않고 마구 섞어서 사용했던 기억이 선하다. 한 점 한 점이 모여서 선을 이루기도 하고, 원을 이루기도 하며, 때로는 면을 만들어 내기도 하듯이 시각과 시각들이 차곡차곡 쌓여 시간을 이루게 된다. 이 시각과 시간은 우리 생활과 떼려야 뗄 수 없이 밀접한 개념이다.

　우리 반 학생들도 학창 시절의 나처럼 두 개념을 혼돈스러워하고 있음은 물론이었다. 저학년이다 보니 추상적인 개념을 무작정 외우게 하기보다는 생활 경험과 연결지어 이해하도록 접근하고 싶었다. '동동이와 마법 시계'라는 이야기를 활용하여 내용 영역의 학습 목표뿐만 아니라 시각과 시간을 소중히 여기는 태도 영역의 학습 목표 도달에도 중점을 두고자 하였다.

감성수업 과정안

관련 단원	2-2-4. 시각과 시간
학습 주제	이야기를 듣고 동동이의 행동에 대한 내 생각 말하기
학습 목표	이야기 속에 나오는 수학 개념을 이해한다. 동동이의 행동에 대한 내 생각을 말할 수 있다. 시간을 소중히 여기는 태도를 갖는다.
수업 준비	감정카드, '동동이와 마법 시계' 이야기, 모형 시계

단계	교수·학습 활동	자료 및 유의점
도입	① 자기 인식 ▶ 교과서 삽화 보며 이야기 나누기 • 동동이에게 어떤 일이 일어난 것일까요? 　- 학교에서 선생님께 꾸중을 듣고 있는 것 같아요. • 동동이가 꾸중을 듣고 있는 이유가 무엇이라고 생각하나요? 　- 늦잠을 자서요. 시계를 잘 못 보아서요. • 꾸중을 듣고 있는 동동이의 마음은 어떠할지 감정카드로 표시해 볼까요? 　- 후회스러워요, 속상해요, 슬퍼요, 억울해요 등 • 여러분도 동동이와 비슷한 경험을 한 적이 있나요? 　- 저도 동동이처럼 늦잠을 자서 지각을 했어요. 그런데, 선생님께서 다음부터는 조금만 더 서둘러서 학교에 오라고 말씀해 주셨어요.	(자) 감정카드 (유) 삽화를 보며 상황을 유추해 보도록 하고, 유추한 상황과 비슷한 자신의 경험을 떠올려 보도록 함으로써 학습 내용에 흥미를 갖고 주체적으로 참여하는 분위기를 조성한다.
	② 자기 조절 ▶ 수업 감성 예절 확인하기 • 그림 속 동동이가 어떻게 할지 함께 이야기 나누며 공부해 봅시다. 　이 시간이 모두에게 즐겁고 유익하려면 어떤 자세로 공부해야 할까요? 　- 친구의 말을 경청합니다. 　- 배우는 내용에 대해 끊임없이 생각해 봅니다.	(유) 다른 사람의 발표 내용에 귀 기울이고 침묵을 지키며 끝까지 듣는 경청 태도를 떠올리도록 한다.

도입	③ 목표 설정 ▶ 학습 문제 알아보기 -동동이의 행동에 대한 내 생각을 말해 봅시다. ▶ 학습 순서 알아보기 〈활동 1〉 '동동이와 마법 시계' 듣고 이야기 나누기 〈활동 2〉 상황 속 인물 되어 보기 〈활동 3〉 그림 그리기	(유) 학습 문제를 직접 제시하도록 유도한다.

전개	④ 공감
	
	▶ '동동이와 마법 시계' 듣고 이야기 나누기
	• '동동이와 마법 시계'에 대한 질문을 만들어 짝과 이야기 나누어 봅시다.
	  -이야기에 나오는 인물은 누구누구인가요?
	  -동동이가 학교에 지각을 한 이유는 무엇인가요? 등
	• 짝과 이야기 나누어 선택한 질문을 가지고 모둠과 이야기를 나누어 모둠의 질문을 한 가지씩 선택해 봅시다.
	  -시계의 짧은 바늘과 긴 바늘은 무엇을 나타내나요?
	  -달력에서는 무엇을 볼 수 있나요?
	  -동동이가 늦게 일어나서 시곗바늘을 돌린 것에 대해 어떻게 생각하나요?
	  -동동이 얼굴에 주름살이 생긴 까닭은 무엇인가요? 등
	• 여러분이 선택한 질문에 대해 이야기를 나누어 봅시다.
	
	〈시계의 짧은 바늘과 긴 바늘은 무엇을 나타내나요?〉
	-짧은 바늘은 '시'를 나타내고, 긴 바늘은 '분'을 나타냅니다.
	〈달력에서는 무엇을 볼 수 있나요?〉
	-월, 요일, 숫자가 쓰여 있습니다.
	-날짜 아래 행사도 적혀 있습니다.
	〈동동이가 늦게 일어나서 시곗바늘을 돌린 것에 대해 어떻게 생각하나요?〉
		(자) '동동이와 마법 시계' 이야기
		
		(유) 삽화를 보며 이야기를 듣고, 질문을 만들어 짝과 이야기를 나누는 과정에서 자연스럽게 내용을 이해할 수 있도록 한다.

전개	-선생님께 꾸중 듣고 싶지 않아서 시곗바늘을 돌린 것 같아요. -저라면 동동이처럼 시곗바늘을 돌리지 않아도 되도록 좀 더 일찍 일어날 것입니다. -자기가 필요할 때마다 시곗바늘을 돌릴 수 있는 것이 마법같이 신기하지만, 마음만 먹으면 그렇게 할 수 있다고 생각하면, 더 이상은 신기할 것 같지도 않고, 오히려 시간을 함부로 쓰게 될 것 같습니다. ▶상황 속 인물 되어 보기 • 친구들과 질문을 하며 나눈 이야기를 바탕으로 삽화에 어울리는 상황극을 간단히 만들어 봅시다. 〈상황 1. 108쪽-지각을 했어요〉 -등장인물: 동동이, 엄마, 뻐꾸기시계, 선생님 등 〈상황 2. 109쪽~111쪽-마법 시계의 비밀〉 -등장인물: 동동이, 엄마, 뻐꾸기시계, 울라불라 등 〈상황 3. 112쪽-과자를 만들다〉 -등장인물: 동동이, 엄마, 울라불라, 아빠 〈상황 1〉, 〈상황 2〉, 〈상황 3〉 역할극을 감상하여 봅시다.	(유) 모둠별로 상황을 정하여 1분 이내의 간단한 역할극으로 나타내 보고, 활동 소감을 이야기한다.
정리	⑤ 사회화 ▶학습 내용 정리하기 • 상황극을 직접 해 보고 나서 또는 친구가 하는 상황극을 보고 나서 생각한 점이나 느낀 점을 이야기해 봅시다. -동동이가 되어서 늦잠을 잤을 때, 지각을 해서 선생님께 꾸중 들을 것이 걱정되었어요. -제가 선생님이라면, 동동이가 지각을 했을 때, 무슨 이유로 늦었는지 물어보았을 거 같아요. 시계를 못 봐서 늦게 일어난 거니까 시계 보는 방법을 가르쳐 줄 거 같아요. • 오늘 공부를 하면서 생각하거나 느낀 점, 동동이에게 해 주고 싶은 말을 이야기해 봅시다.	(유) 질문을 하며 주고받았던 이야기의 내용들과, 상황극에서 오고 간 대화들을 바탕으로 자신의 생각과 느낌을 이야기 나누는 과정에서 스스로 시간의 소중함을 깨닫도록 한다.

정리	-동동이가 자꾸만 울라불라 마법 시계를 함부로 쓰니까 그러면 안 된다고 말해 주고 싶습니다. -동동이가 지각을 해서 꾸중을 안 들으려면 시계 보기 공부를 더 잘해야 할 것 같습니다. -울라불라 마법 시계가 갖고 싶기도 하지만, 그렇게 되면 세상이 뒤죽박죽될 것 같기도 합니다. -시간은 내 마음대로 움직일 수 없는 것이니까 고맙게 여기고 소중하게 써야겠다고 생각했어요. ▶ 다음 공부 안내 • 다음 시간에는 동동이에게 시각을 읽는 방법을 알려 주는 공부를 해 봅시다. 여러분, 수고하셨습니다. -선생님, 감사합니다.

가장 중요한 것은 눈에 보이지 않는 법이야.(『어린 왕자』 중)

상황 속 등장인물

동동이   울라불라   선생님   엄마

수업이 남긴 이야기

2009 개정 교육과정에서부터 전 학년의 수학과에 스토리텔링 수업이 도입되었다. 학생들이 보다 재미있게 수학을 배우는 동시에 다른 학문 분야나 생활 속에서 융합적이고 창의적인 사고를 할 수 있도록 하자는 데 그 취지가 있다고 한다. 사실 교실에서 우리 반 학생들과 단순하게 수학 수업을 전개해 나가다 보면 스토리텔링이 좀 억지스럽다고 여겨지는 부분도 없지 않았다.

그런데, '시각과 시간' 단원에서만큼은 스토리텔링 활용이 핵심 성취 기준뿐만 아니라 우리 생활과 밀접한 시각과 시간에 대한 정의적인 태도까지도 바람직하게 형성하는 데 도움이 되었다고 생각한다. 감성수업의 과정을 적용하여 학생들이 상황에 따른 등장인물의 감정을 알아보고, 비슷한 자신의 경험도 이야기하며 서로 공감함으로써 학습 활동에 능동적으로 참여하게 되었다. 더구나 마법시계의 등장 등 만화영화 같은 내용 요소들이 있어 친근하게 학습 내용에 빠져들었다. 학생들 스스로 시간의 소중함에 대해 생각하고 생활 속에서 실천하려는 의지를 다지는 사회화 과정을 지켜보는 내내 교사로서 참 뿌듯하고 행복했다.

수업 Q카드로 정리

수업 Q카드
(자기 인식, 자기 조절)

☞ 동동이에게 일어난 일+감정카드
☞ 수업 감성 예절 확인하기

수업 Q카드
(목표 설정)

☞ 동동이의 행동에 대한 내 생각을 말해 봅시다.
1. '동동이와 마법 시계' 듣고 이야기 나누기
2. 상황 속 인물 되어 보기

수업 Q카드
(공감)

☞ 질문 만들기+짝과 이야기
☞ 모둠 질문 고르기
☞ 상황 속 인물이 되어 보기

수업 Q카드
(사회화)

☞ 느낀 점 이야기하기
☞ 동동이에게 하고 싶은 말하기
☞ 차시 예고-시각 읽는 법 알려주기

12. 수학과 감성수업 ❷
〈그래프로 보는 나의 지난 1년〉

수업 미리 보기

수업 장면 1

수업 장면 2

나의 수업 이야기

나를 보여 주는 수학 시간

현재 수학과의 위치는 기능 외의 것들이 중요시되지 않는 철저한 기능 과목에 불과하다. 소극적으로는 답 말하기, 적극적으로라도 설명하기 정도의 목표만 생각한다. 그런데 일상 생활 속에서 수학의 영향력은 어마어마하다. 이번 차시의 그래프도 그렇다. 그래프를 이용하여 나를 들여다볼 수는 없을까?

경험을 구조화해 주는 Thinking Maps

 6학년 학생들에게는 지난 1년 동안 여러 기억이 있을 것이다. 초등학교 졸업을 앞둔 6학년 생활을 돌아보는 활동과 그래프가 만났다. 지난 시간을 돌아보는 것의 중요성을 강조하고 주요 사건들을 정리하면서 이 사건들의 중요도와 빈도를 계산해 보면 '6학년은 이랬어요.' 하고 말하기가 쉽지 않을까? 써클맵으로 지난 1년의 주요 사건에 대한 느낌을 써 붙여 본다. 또 버블맵에 느낌을 중심으로 사건의 중요도와 빈도를 매겨 본다. 그 결과를 표와 그래프로 옮기면서 학생들이 자신을 더 잘 드러낼 수 있겠다는 생각으로 수업을 준비했다.

감성수업 과정안

관련 단원	수학 6-2. 4. 비율 그래프
학습 주제	자료를 그래프로 나타내고 활용하기
학습 목표	필요한 자료를 조사하여 비율 그래프로 나타낼 수 있다. 비율 그래프에 나타난 자료의 특징을 설명할 수 있다. 친구가 발표한 사건과 그 이유를 듣고 공감할 수 있다.
수업 준비	1년을 돌아보는 사진 슬라이드쇼, 써클맵, 버블맵, 표, 그래프 등

단계	교수·학습 활동	자료 및 유의점

도입	① 자기 인식
	
	▶지난 1년을 돌아보기
	• 여러분 졸업이 얼마 남지 않았습니다. 어떤가요? 감정카드를 들어 봅시다.
	  -아쉽다, 안타깝다, 막막하다 등
	  -게임을 너무 많이 한 것 같고 공부를 적게 한 것 같아서 아쉬워요.
	  -사춘기가 좀 온 것 같은데, 부모님 속 썩여 드리고 그래서 좀 안타까워요.
	  -이제 곧 중학생이 된다고 하니까 막막해요.
	• 대체적으로 후회와 같은 부정적인 감정도 많이 있네요. 내년에는 지금과 같은 후회가 좀 줄이려면 어떻게 하면 좋을까요?
	  -1년을 잘 돌아보고 반성할 점들을 찾아야 할 것 같습니다.
	  -1년 중에서 잘한 일들도 찾아서 계속 이어 나가야 할 것 같습니다.
		(자) 감정카드

	② 자기 조절 ▶활동에 숨어 있는 가치 찾기 • 지난 시간을 돌아보면 어떤 가치를 찾을 수 있을까요? -감사, 한결같음, 너그러움, 책임 등을 찾을 수 있을 것 같습니다. • 지난 시간을 잘 돌아보고 정리해서 소중한 가치들을 찾아보기로 합시다.	(자) 가치카드

도입	③ 목표 설정 ▶학습 문제 알아보기 -지난 1년을 돌아보고 그래프로 나타내기 • 지난 1년의 주요 사진들을 보며 있었던 사건들을 떠올려 봅시다. ▶학습 순서 알아보기 〈활동 1〉 기억에 남는 사건들 그래프 만들기 〈활동 2〉 친구들과 공유하기	(자) 1년을 돌아보는 사진 슬라이드 쇼(5분 분량)
전개	④ 공감 ▶지난 1년간 가장 기억에 남는 사건들 모두 써 보기 • 써클맵을 활용하여 지난 1년간 기억에 남는 사건을 모두 써 봅시다. -써클맵에 사건의 키워드를 쓰고 줄 표시로 연결하여 간단한 설명을 쓴다. ▶각자의 사건들을 분류하기 • 버블맵을 활용하여 지난 1년간(6학년) 기억에 남는 사건들의 특성을 4~5가지로 나누어 봅시다. -버블맵에 6학년을 가운데 표시하고 바깥 원에 특성을 써 본다. • 특성에 주요 사건들을 옮겨 쓰면서 얼마나 자주 일어난 사건인지와 의미의 크기에 따라 *1에서 *5까지 표시를 해 봅시다. ▶버블맵의 내용으로 표와 그래프 만들기 • 특성별로 사건의 비중을 표로 그려 봅시다. 표의 위쪽에는 각 특성, 아래쪽에는 빈도와 크기에 따라 환산한 점수를 써 봅시다. -표를 완성한다. • 완성된 표를 원그래프, 띠그래프로 바꾸어 봅시다. -그래프로 완성한다.	(자) 씽킹맵(써클맵) (유) 좋았던 일, 안 좋았던 일, 의미 있었던 일 등을 쓰되 친구들의 작품을 적극적으로 참고할 수 있도록 하여 떠오르는 사건 수를 최대한 풍성하게 한다. (유) 표를 완성할 때는 스스로 활동을 해 보되 친구들의 도움을 받을 수도 있다.
정리	⑤ 사회화 ▶그래프 완성하고 모둠원끼리 공유하기 • 그래프를 완성하면서 지난 1년의 특성 중에서 가장 큰 영역이 어디인지 알 수 있었을 것입니다. 지난 1년이 어땠는지 친구와 공유해 보겠습니다.	

정리	-모둠에서 친구들과 자신이 만든 그래프를 보여 주며 이야기를 나눈다. • 그래프를 보여 주면 어떤 점이 좋은지 알아봅시다. -그래프 자료 안에 자세한 사건들이 들어 있어서 좀 더 자세히 알 수 있는 것 같아요. • 활동을 하면서 재미있었던 점이나 궁금한 점, 새롭게 알게 된 점은 무엇인가요? -발표할 때 그래프를 활용하는 것의 장점을 알게 되었습니다. ▶ 차시 예고 • 다음 시간에는 4단원을 마무리하는 '공부를 잘했는지 알아봅시다'를 공부해 보겠습니다.

행복은 경험하는 것이 아니라 기억하는 것이다.(오스카 레반트)

수업이 남긴 이야기

두려워할 필요가 없는 수업

그래프를 그리는 방법은 이미 앞 차시에서 배워 알고 있다. 그러나 학생들은 적용 차시인 본 차시 수업에서 '틀리면 어쩌지?' 하는 두려움을 느낀다. 정답이 정해져 있는 것이 수학과이지만, 그 내용이 나와 관계된 것이어서 다를 수밖에 없었기에 학생들은 틀리는 것에 대한 두려움을 느낄 필요가 없었다.

그래프, 너 잘 써먹었다

자신의 1년을 설명하는 도구로서 그래프는 자기 역할을 충분히 했고, 그래프 뒤에 숨은 지난 이야기들을 떠올리고 나누는 과정에서 수업은 즐거움과 활기를 찾았다. 학생들이 '생활 속에서' 그래프가 꼭 필요하구나 하는 것을 느낀 수업이었다고 생각한다.

수업 활동지

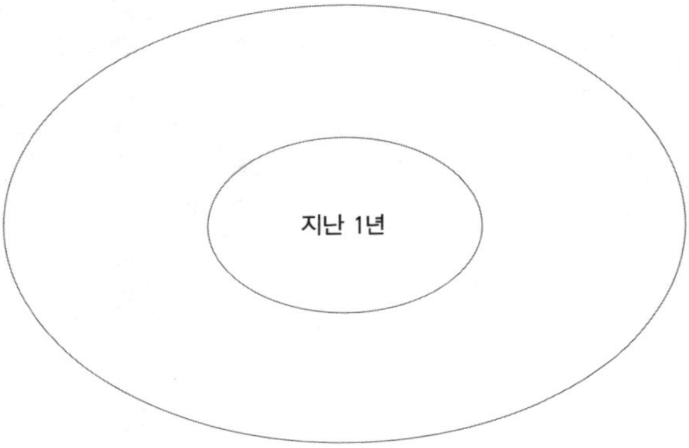

지난 1년

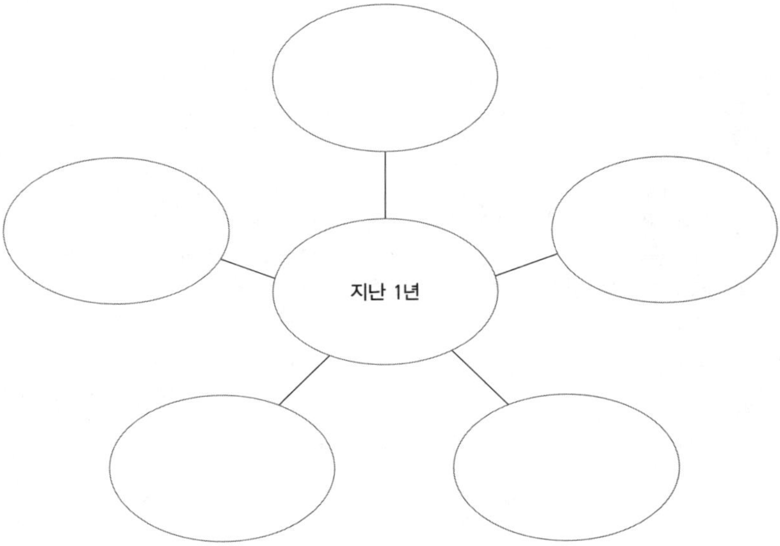

지난 1년

수업 Q카드로 정리

수업 Q카드
(자기 인식, 자기 조절)

☞ 지난 1년 돌아보기+감정카드
☞ 지난 1년 돌아보는 의미 생각하기
☞ 돌아보기 활동에 숨어 있는 가치 찾기

수업 Q카드
(목표 설정)

☞ 지난 1년을 돌아보고 그래프로 나타내기
  1. 기억에 남는 사건들 그래프 만들기
  2. 친구들과 공유하기

수업 Q카드
(공감)

☞ 기억에 남는 사건 쓰기(써클맵)
☞ 특성별로 사건 분류하기(버블맵)
☞ 표로 바꾸기
☞ 띠그래프, 원그래프 만들기

수업 Q카드
(사회화)

☞ 그래프 완성하기
☞ 모둠원끼리 공유하기
☞ 그래프로 소개하면 좋은 점 찾기
☞ 차시 예고

13. 통합 교과 감성수업
〈울긋불긋 가을 세상과 친구 되기〉

수업 미리 보기

그림을 보고 질문을 만들어 짝,
모둠 친구들과 이야기를 나누는 모습

가을이 되어 달라진 것을
몸으로 표현하는 모습

나의 수업 이야기

　통합 교과 교육과정은 학문이나 교과를 전제하기보다는 학생의 흥미나 관심사에서 출발하여 이를 교과로 이어 주는 방식으로 접근한다. 따라서 생활 및 초등학교 1, 2학년 학생의 관심과 흥미에 기초한 주제를 학습의 대상으로 우선시한다. 그리고 학생은 이러한 것을 자신의 학습 리듬에 따라 자연스럽게 탐구하고 표현하면서 배울 수 있도록 하였다.[19]

이 단원은 '가을 체험'을 주제로 가을에 나타나는 주변의 생활에 대해 관심을 갖고 이해를 돕기 위해 설정되었다. 교사용 지도서의 단원 안내에 "바른 생활과에서는 가을 행사에서 지켜야 할 규칙과 질서를 알아보고, 자연에 대해 고마운 마음을 가질 수 있도록 도와준다. 슬기로운 생활과에서는 다양한 가을 행사를 조사하고, 가을 열매와 낙엽의 모양과 특징을 탐구할 기회를 제공한다. 즐거운 생활과에서는 다양한 행사에 적극적으로 참여하며, 낙엽과 열매로 다양한 사물을 표현할 수 있도록 지도한다"라고 기술되어 있다.

처음에 본 차시 교수-학습 활동 전개 계획을 수립할 때에는 단순히 교사용 지도서 단원 안내의 '슬기로운 생활과'에 대한 기술 내용만을 고려하였다. 또한 '어떻게 하면 잘 가르칠 수 있을까?', '어떻게 하면 도입 부분에서 좀 더 획기적인 동기 유발로 학생들의 학습 흥미를 이끌어낼 수 있을까?'에만 초점을 맞추어 고민에 고민을 거듭하였다. 그렇다 보니, 전형적인 '교사 주도의 보여 주기식 수업안'을 작성하게 되었고, 교사의 에너지는 수업을 전개하기도 전에 준비 과정에서 모두 소진되어 버리는 느낌이었다.

완성된 수업안을 가지고 감성수업연구회 회원들과 교과서와 지도서를 살펴보면서 이야기를 나누었다. 혼자서는 머리를 싸매고 고민했어도 뿌연 안개 속처럼 흐릿했던 내용들이 하나씩 말끔히 정리되기 시작하였다. 다시 원점으로 돌아와 스스로에게 질문을 던졌다. '어떻게 하면 잘 가르칠 수 있을까?'가 아닌, '어떻게 하면 학생들이 잘 배울 수 있을까?'라고. 공동 협의 과정에서 이 물음에 대한 해답의 실마리도 찾을 수 있었다. 바로 학생들이 자신의 감정을 인식하

---

19) 초등학교 교사용 지도서(2013), 통합 교과, p. 8. 교육부.

고 진정한 주인이 되어 스스로 학습에 참여하는 것에 초점을 맞추고자 하였다.

다음의 교수-학습 과정안은 교사가 차시 주제를 감성의 눈으로 들여다보며 다시 구성한 것이다.

감성수업 과정안

관련 단원	가을 2. 울긋불긋 가을 세상
학습 주제	가을이 되면서 달라진 주변의 모습 찾아보기
학습 목표	가을이 되면서 주변의 모습이 달라지는 것을 이해한다. 가을이 되면서 달라진 주변의 모습을 찾을 수 있다. 가을에 나타나는 주변의 생활 모습에 대해 관심을 갖고 탐구하는 태도를 갖는다.
수업 준비	학교 오고 가는 길에 보이는 산, 들, 마을의 모습 살펴보기 학습 활동 사진, 붙임종이, 모둠 의견 정리판

단계	교수·학습 활동	자료 및 유의점
도입	① 자기 인식 ▶자기 성찰 질문하기 • 여러분이 공부하는 모습이 담긴 사진입니다. 지금 여러분의 모습과 비교하였을 때, 달라진 점은 무엇인가요? -옷차림이 바뀌었어요. -그때는 건강했는데, 지금은 감기에 걸렸어요.	(자) 여름철에 공부하는 모습이 담긴 사진 (유) 현재의 옷차림과 뚜렷이 비교가 되는 여름철 활동 모습 사진을 보여 줌으로써 학생들이 달라진 점을 쉽게 찾아낼 수 있도록 유도한다.
	② 자기 조절 ▶수업 감성 예절 확인하기 • 오늘 이 시간이 모두에게 즐겁고 유익하려면 어떤 자세로 공부해야 할까요? -친구의 말을 경청합니다. -배우는 내용에 대해 끊임없이 생각해 봅니다.	(유) 경청의 기본은 다른 사람이 발표하는 동안 침묵을 지키면서 공감하는 것임을 떠올리도록 한다.

도입	③ 목표 설정 ▶학습 문제 알아보기 -가을이 되면서 달라진 주변의 모습을 찾아봅시다.	
전개	▶학습 순서 알아보기 -〈활동 1〉 그림 보며 질문 만들기 -〈활동 2〉 만든 질문으로 이야기 나누기 -〈활동 3〉 가을이 되어 달라진 것 몸으로 표현하기 ④ 공감 ▶그림 보며 질문 만들기 • 칠판에 있는 그림을 살펴보고 질문을 한 가지씩 만들어 보세요. -그림에서 어린이들은 무엇을 하고 있나요? -들판의 색은 어떠합니까? -가을철에 나는 열매에는 어떤 것이 있습니까? • 각자 만든 질문을 짝에게 보여 주고, 이야기를 나누어 둘 중 하나의 질문을 선택해 주세요. -허수아비는 왜 들판에 서 있을까요? -고구마를 캔 어린이들의 마음은 어떠할까요? • 짝과 의논하여 선택한 질문을 모둠 친구들과 함께 살펴봅시다. 모둠별로 두 개의 질문에 대한 의견을 나누어서 질문 한 개를 선택해 주세요. -벼를 베는 농부의 마음은 어떠할까요? -허수아비는 왜 웃고 있을까요? -그림에서 사람들이 모두 웃고 있는 이유는 무엇일까요? ▶만든 질문으로 이야기나누기 • 모둠 친구들과 의견을 나눈 과정과 모둠에서 마지막으로 선택한 질문은 무엇인지 발표해 봅시다. -우리 모둠에서는 〈그림에서 어린이들은 무엇을 하고 있습니까?〉와 〈벼를 베는 농부의 마음은 어떠할까요?〉 두 질문 가운데 〈벼를 베는 농부의 마음은 어떠할까요?〉를 선택하였습니다.	(자) 교과서 삽화 확대 그림, 붙임종이 (유) 질문에는 사실, 생각, 마음을 묻는 질문이 있음을 상기시켜 확대 그림을 보고 자연스럽게 질문을 만들 수 있도록 안내한다. (유) 모둠별 질문을 선택할 때에 친구에 대한 인기투표가 되지 않도록 유의한다. (유) 모둠별로 선택한 질문에 대하여 함께 생각해 보며 가을이 되면서 주변의 모습이 달라지는 것을 이해하게 한다. (유) 학생들이 주변의 가을 풍경으로 자연스럽게 동화되도록 분위기를 조성한다. (유) 가을 풍경으로 동화된 인물을 인터뷰하는 동안 다른 학생들은 경청하도록 안내한다.

전개	• 여러분이 선택한 질문 가운데, 〈감나무에 달려 있는 감의 색깔과 크기, 들판에 있는 벼, 빨간 고추, 고구마는 처음에 어떠하였을까요?〉에 대해 생각해 봅시다. -감은 처음에는 아주 작은 초록색 열매였다가 점점 크기가 커지고 색깔도 변하였습니다. -벼는 모내기할 때에는 이삭도 없고 아주 작았는데, 점점 키가 자라고 이삭이 열리고, 색깔도 누렇게 변하였습니다 등 ▶ 가을이 되어 달라진 것 몸으로 표현하기 • 지금부터 자리에서 일어나 여러분이 주변의 가을 풍경이 되어 봅시다. 가을 하늘을 올려 봅니다. 구름 한 점 없이 맑고 푸르네요. 가을 햇살이 눈부십니다. 살랑살랑 가을바람이 붑니다. 나는 지금 가을 세상 속의 (가을 풍경)이 되었습니다. • 당신은 누구십니까? -저는 가을 들판의 허수아비입니다. • 가을 들판에서 무엇을 하고 있습니까? -새들이 벼를 쪼아 먹지 못하게 지키고 있어요. • 들판에 서서 무슨 생각을 하시나요? -봄부터 농부들이 정성껏 가꾼 벼를 잘 지켜드려야겠다는 생각을 하고 있어요 등	(유) 학생들이 주변의 가을 풍경으로 자연스럽게 동화되도록 분위기를 조성한다. (유) 가을 풍경으로 동화된 인물을 인터뷰하는 동안 다른 학생들은 경청하도록 안내한다.
정리	⑤ 사회화 ▶ 학습 내용 정리하기 • 오늘 공부 시간에는 무엇에 대하여 알아보았나요? -가을이 되면서 달라진 주변의 모습에 대해 공부했습니다. • 활동을 하면서 재미있었던 점이나 궁금한 점, 새롭게 알게 된 점은 무엇인가요? -가을 풍경이 되어 달라진 것을 몸으로 표현해 보니까 가을이 되었다는 것이 더 실감납니다.	(유) 생활 속에서 주변의 변화에 관심을 가지고 꾸준히 관찰하는 태도를 갖도록 한다. (유) 궁금증을 해결하기 위하여 책이나 인터넷 등을 활용할 수 있음을 안내한다.

정리	-나뭇잎 색깔이 변하는 이유와 나뭇잎이 떨어지는 이유가 궁금합니다. • 나뭇잎의 색깔이 변하는 이유와 나뭇잎이 떨어지는 이유에 대해 설명한 책이 있어 소개해드리겠습니다. 이 책 말고도 가을에 일어나는 변화에 대해 설명한 책들이 많이 있으니 호기심을 가지고 찾아 읽어 보기 바랍니다. 또 가을이 깊어지면서 주변이 달라져 가는 모습도 꾸준히 관찰하기 바랍니다. ▶ 차시 예고 • 다음 시간에는 학교 주변을 돌아보며 떨어진 나뭇잎을 주워서 붙이고, 관찰하여 그려 보는 공부를 하겠습니다.

사람은 가르칠 수는 없다. 다만 자각할 수 있도록 도와줄 뿐이다.(갈릴레이)

수업이 남긴 이야기

"당신은 누구십니까?"
"저는 가을 길에 뒹구는 낙엽입니다."
"가을 길에서 무슨 생각을 하고 있나요?"
"지나가는 사람들이 저를 무심코 밟으면 어쩌나 조마조마해하고 있습니다."

가을이 되어 달라진 것을 몸으로 표현하는 활동에서 낙엽이 된 학생과 나눈 대화. 몸으로 표현하는 활동을 마치고 한 남학생이 공부를 하면서 느끼거나 생각한 점을 발표하였다.

"○○님이 낙엽이 되었을 때, 사람들이 자기를 밟을까 봐 걱정된다고 말하는 것을 듣고, 이제부터는 길에 떨어진 나뭇잎을 밟지 않게 조심히 걸어 다녀야겠다고 생각했습니다."

이 말을 듣고 교실에 있던 학생들이 이구동성으로 '우와!' 하는 탄성과 함께 자발적인 박수를 쳐 주었다. 또, 여기저기에서 자기도 그렇게 하겠노라는 다짐의 목소리들이 들려왔다. 지금도 그때 장면을 떠올리면 자신의 감성을 깨워 능동적으로 수업의 주인공이 된 우리 학생들이 고마울 따름이다.

수업 활동 모습

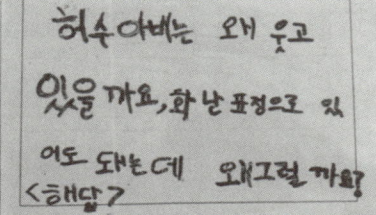
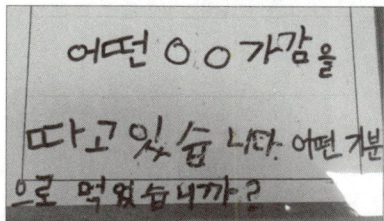

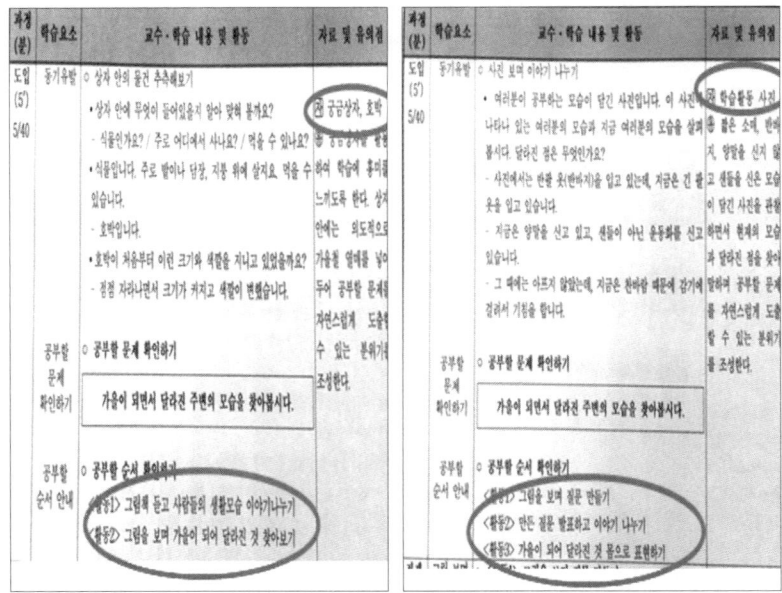

감성의 눈으로 수업 바라보기 전과 후

수업 Q카드로 정리

수업 Q카드
(자기 인식, 자기 조절)

☞ 사진의 달라진 점 찾기
☞ 수업 감성 예절 듣는 태도 익히기
   (경청, 내용 계속 생각해 보기)

수업 Q카드
(목표 설정)

☞ 가을이 되면서 달라진 주변의 모습을 찾아봅시다.
   1. 그림 보며 질문 만들기
   2. 만든 질문으로 이야기 나누기
   3. 가을이 되어 달라진 것 몸으로 표현하기

수업 Q카드
(공감)

☞ 그림 보며 질문 만들기
☞ 만든 질문으로 이야기 나누기
☞ 처음에 감나무는 어땠을까?
☞ 달라진 점 몸으로 표현하기

수업 Q카드
(사회화)

☞ 공부한 내용, 새롭게 알게 된 점
☞ 책 소개하기
☞ 차시 예고
   주변에 떨어진 나뭇잎 붙이고 관찰하여 그려 보기

14. 특수교육 감성수업
〈소피가 정말 화가 나면〉

수업 미리 보기

그림책『소피가 화나면』

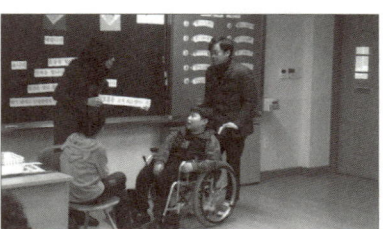
'화'를 표현하는 방법 분류하기

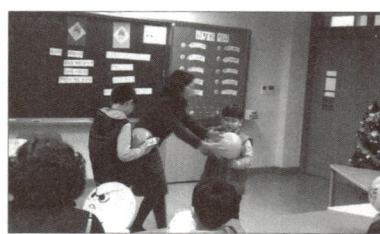
'화' 풍선 만들기

'화' 풍선으로 화내 보기

나의 수업 이야기

'감정을 올바르게 사용하는 방법을 알려 주려면 어떻게 해야 할까?' 그림책이면 학생들이 이해하기 쉽지 않을까? 하는 생각으로부터 이 수업이 시작되었다. 본 학급에는 지적 장애아와 지적 장애를 동반한 지체부자유아가 있는데, 평소 그림책을 읽어 주면 그림이 많아서 그런지 내용에도 흥미와 관심을 가지고 다가온다.

학생들이 이해하기 쉽게 규칙을 지키지 않아서 화가 난 상황임을 먼저 설명을 해 준다. 일상생활에서 자주 일어나는 일임을 알기에 화가 난 상황에 더 집중하는 모습을 보일 것이다.

화가 날 때 학생들이 하는 행동들을 직접 발표해 보고 불쾌감을 주는 행동과 그렇지 않은 행동으로 나눈다. 불쾌감을 주는 것의 여부에 따라 학생들은 신호등 카드를 붙인다.

이 그림책 자체가 감정을 표현하는 방법을 배우는 책이다. 학생들은 그림책의 표정을 보고 즐거운지 화가 나는지는 안다. 그 화를 친구를 때리거나 나쁜 방법으로 표현하는 것이 옳은 것인지, 아니면 대화를 해서 풀어 가는 것이 옳은 것인지 생각해 보고 판단해 보는 것이 수업의 주된 흐름이다.

감성수업 과정안

관련 단원	국어 3-2-6. 글에 담긴 마음
학습 주제	그림책을 읽고 감정을 표현하는 방법 알아보기
학습 목표	그림책을 읽고 감정 표현하는 방법을 안다. 화가 났을 때 적절한 감정 표현을 할 수 있다.
수업 준비	그림책(소피가 정말 정말 화나면), 프레젠테이션, 뽑기카드, 칠판 부착물(화 표현), 신호등 카드, 풍선, 유성매직

단계	교수·학습 활동	자료 및 유의점
도입	① 자기 인식 ▶ 얼굴 알아맞히기 • 어떤 장면이 보이나요? -웃는 얼굴입니다 / 울고 있는 얼굴입니다 / 깜짝 놀란 얼굴입니다.	(자) 프레젠테이션 (유) 다양한 표정의 사람들 사진을 제시한다.
	② 자기 조절 ▶ 감정을 얼굴 표정으로 표현해 보기 • 다양한 표정들 중에서 지금 머릿속에 떠오르는 감정을 얼굴로 나타내 봅시다. 하나, 둘, 셋 -다양한 표정 중에 1가지 선택해서 나타내 본다.	(유) 경청의 기본은 다른 사람이 발표하는 동안 침묵을 지키면서 공감하는 것임을 떠올리도록 한다.
	③ 목표 설정 ▶ 학습 문제 알아보기 -그림책을 읽고 감정 표현하는 방법을 알아봅시다. ▶ 학습 순서 알아보기 〈활동 1〉 그림책 읽기 〈활동 2〉 표현 방법 알아보기 〈활동 3〉 '화' 풍선 만들기	(유) 다양한 감정이 있음을 인식시켜 주고, 그런 감정 중에서 오늘 공부하게 될 것임을 알려 준다.
전개	④ 공감 ▶ 그림책 읽기 전 내용 짐작하기 • (표지를 가리키며) 이 친구의 얼굴이 어떤가요?	(자) 그림책

전개	-무척 화가 났습니다. • 소피는 왜 화가 났을까요? 　-엄마에게 혼나서요. 　-친구와 싸워서요. • 소피가 정말 정말 화나면 어떤 일이 생길까요? 　-소리를 지를 것 같습니다. 　-물건을 부숴 버릴 것 같습니다. • 그럼 어떤 일이 생기는지 함께 볼까요? ▶ 그림책 읽고 사건 중심으로 내용 살펴보기 • 소피의 인형을 빼앗아 간 사람은 누구인가요? 　-언니입니다. • 소피를 화나게 했던 일들이 또 있었죠? 　-엄마가 언니 편을 들어줬습니다. 　-트럭에 걸려 넘어졌습니다. • 화가 난 소피는 어떻게 행동했나요? 　-발을 굴렀습니다. / 소리를 질렀습니다. 　-달렸습니다. / 울었습니다. 　-나무에 올라가 바다와 파도를 쳐다보았습니다. • 소피처럼 화가 난 적이 있었죠? 소피처럼 화가 났을 땐 어떻게 행동하는지 알아봅시다. ▶ 화가 났을 때 표현 방법 알기 • 화가 나면 어떤 행동들을 하나요? 　-소리를 지릅니다. 　-주먹으로 벽을 칩니다. 　-웁니다. 　-달립니다./운동을 합니다./산책을 합니다. 　　(화를 잊을 수 있는 다른 행동들을 한다) 　-물건을 발로 찹니다. • 화가 나면 하는 행동들을 쪽지에 써 두었습니다. 한 사람이 하나씩 발표해 봅시다. 　-상대방을 때립니다. 　-심호흡을 크게 하고 열까지 숫자를 셉니다. 　-"나는 지금 화가 나서 기분이 몹시 나빠"라고 상대방에게 이야기합니다. ▶ 화를 표현하는 방법 분류하기 • 상대방에게 불쾌감을 주는 행동과 불쾌감을 주지 않는 행동으로 나눠 볼까요?	(유) 학생이 어떤 대답을 하든지 수용적인 자세를 취하도록 하며, 대답이 안 나오는 경우 계속 기다리지 말고 자연스럽게 이야기를 들어 보도록 분위기를 유도한다. (유) 질문에 해당되는 그림책을 펼쳐서 그림을 보면서 대답을 할 수 있도록 한다. (유) 활동 2와 활동 3에서 여유 있는 시간을 주기 위해 내용 파악하는 시간은 많이 소요하지 않도록 한다. (자) 쪽지, 칠판에 붙이는 종이, 신호등 카드 (유) 화났을 때 하는 행동이 적힌 쪽지를 준비해 놓고 대답을 못하는 아동에게 뽑도록 하여 발표할 수 있는 기회를 준다. (유) 화났을 때 하는 행동이라면 어떤 반응이라도 수용해 준다.

전개	- 아동이 한 명씩 나와서 칠판에 붙어 있는 화내는 행동을 떼어 내어 그 행동에 맞게 표현해 본다. - 각각의 행동을 그린카드나 레드카드 아래에 붙이도록 한다. (※불쾌감을 줄 수도 있고, 불쾌감을 주지 않을 수도 있는, 선택이 모호한 행동은 옐로카드 밑에 붙이도록 한다.) ▶ '화' 풍선 만들기 - 풍선에 화난 표정을 그리고, 빈 곳에 자신의 이름을 쓴다. - 교사의 도움을 받아 풍선에 화난 표정을 그리고, 빈 곳에 자신의 이름을 쓴다. ▶ '화' 풍선을 가지고 적절한 방법으로 화내 보기 • 풍선 친구들이 무척 화가 났나 봐요. 풍선 친구들의 화를 풀어 봅시다. - 2인씩 짝을 지어 앞에 나오도록 한다. - 한 명은 풍선을, 한 명은 그린카드와 레드카드를 들고 있도록 한다. - 풍선을 가진 친구가 화를 내고, 카드를 가진 친구는 상대방의 행동에 기분이 나빴으면 레드카드를, 기분이 나쁘지 않았으면 그린카드를 준다. - 역할을 바꿔서 해 본다.	(유) 행동 분류를 위하여 행동들을 적을 때 떼어 낼 수 있는 종이 위에 적도록 한다. (유) 불쾌감을 주는 행동은 레드 카드, 불쾌감을 주지 않는 카드는 그린 카드, 선택이 불분명한 것은 옐로카드라고 약속한다. (자) 풍선, 유성매직 (유) 풍선을 미리 불어 놓아서 풍선 부느라 수업이 어수선해지지 않도록 한다. (유) 표정 그릴 때 반드시 자신의 이름도 같이 적어, 풍선이 본인임을 알도록 한다. (유) 먼저 교사와 보조 교사가 앞에 나와 시연한다.
정리	⑤ 사회화 ▶ '화'에 대해 정리하기 • 이 시간에 배운 것을 정리해 봅시다. 오늘 그림책을 읽었었죠? 제목이 무엇이었나요? - '소피가 정말 정말 화나면'입니다. • 여러분들도 소피 같은 일을 당한다면 정말 정말 화가 나겠죠? - 네. • 화가 나면 화를 내야 합니다. 화는 자연스러운 행동이에요. 하지만 다른 사람을 불쾌하게	(자) 풍선 (유) 앞에서 활동한 풍선을 가지고 자연스럽게 정리를 유도한다. (유) 화에 대해 정리할 때 레드카드와 그린카드를 보이면서 이야기한다.

정리	하는 화와 다른 사람을 불쾌하게 하지 않는 화가 있어요. 여러분은 이제부터 어떤 화를 내야 할까요? -불쾌하지 않게 하는 화입니다. ▶ 차시 예고 • 다음 시간에는 8단원 실감나게 말하는 법에 대해 배우도록 하겠습니다.	(유) 화를 내는 것은 자연스러운 일이지만 더불어 살아가는 사회이기 때문에 상대방에게 불쾌감을 주는 화는 지양해야 한다는 것을 인식시켜 준다

내일의 모든 꽃은 오늘의 씨앗에 근거한 것이다.(중국 속담)

수업이 남긴 이야기

그림책을 읽어 줄 때 '떠들어서 잘될 수 있을까?' 하는 불안함이 있었다. 그러나 목소리를 또랑또랑하게 하고 눈빛을 마주치며 읽으니 학생들이 집중해서 잘 들었다.

"화를 해결하는 좋은 방법은 없을까?" 하고 물어보았는데 대답이 쉽게 나오지 않았다. 그래서 산책, 운동, 잠, 노래 등의 방법도 있다고 알려 주었다.

'화 풍선'을 이용해서 감정을 표현하니 학생들이 자신의 '화'를 객관적으로 바라볼 수 있었던 것 같다. '화'는 당연히 누구에게나 있다는 것, 그 화를 다른 사람들에게 불쾌하지 않게 표현하고 혼자 풀 수 있는 방법을 찾아가는 의미 있는 수업이었다.

수업 Q카드로 정리

수업 Q카드
(자기 인식, 자기 조절)

☞ 얼굴 알아맞히기
☞ 감정을 표정으로 표현해 보기

수업 Q카드
(목표 설정)

☞ 그림책을 읽고 감정 표현하는 방법을 알아봅시다.
 1. 그림책 읽기
 2. 표현 방법 알아보기
 3. '화' 풍선 만들기

수업 Q카드
(공감)

☞ 그림책 읽기 전 내용 짐작하기
☞ 그림책 읽고 사건 중심으로 내용 살펴보기
☞ 화가 났을 때 표현 방법 알기
☞ 화를 표현하는 방법 분류하기
☞ '화' 풍선을 가지고 적절한 방법으로 화 내보기

수업 Q카드
(사회화)

☞ '화'에 대해 정리하기
☞ 화내는 방법 강조하기
☞ 차시 예고-실감나게 말하는 법

Coaching

감성수업 길동무들

[1] 교사의 감성을 일깨우는 셀프 코칭
[2] 교사의 감성을 일깨우는 공감 코칭

[1] 교사의 감성을 일깨우는 셀프 코칭

수업 코칭이란?

그동안 교사의 수업을 돌아보는 관점에 대한 논의가 많았다. 수업 장학은 누군가에게 수업을 평가받는 것을 목적으로 하는 활동이다. 수업 컨설팅은 컨설턴트가 교사와 함께 문제를 해결하는 데 수업 장학보다는 수직적인 관계성이 약하기는 해도 교사의 내면적인 부분까지 책임져 주지는 못한다. 수업 멘토링은 수업 멘토가 가지고 있는 역량을 기반으로 멘티가 문제를 스스로 해결하도록 지원해 주는 활동이다. 그런데 이 모든 활동의 목적들이 교사의 수업력이나 기타 여러 역량을 강화시키는 데는 적합할지 모르나 교사의 자율성을 저해하여 의존적인 존재가 되게 한다는 단점이 있다. 그래서 교사의 감성을 존중하면서 개인의 변화와 발전을 지원하고 수평적이고 협력적인 파트너십을 강조하는 수업 코칭이라는 개념이 각광받고 있다.

셀프 코칭이란?

　감성수업의 최종 목적은 교사가 수업을 통해 학생들의 마음의 힘을 길러 주는 것이다. 그렇다면 교사의 마음은 어떻게 보상받을까? 수업 속에서 겪는 어려움과 아픔들은 어떻게 치유받을 수 있을까?
　학생들의 감성을 키우기 위한 여러 도구들은 앞에서 소개했다. 하지만 교사의 감성을 지키기 위한 도구는 어떤 것이 있을까? 교사는 어른이고 전문적인 교육을 받은 전문가이기 때문에 스스로가 도구가 될 수 있다는 믿음을 가져야 한다. 마음이 맞고 뜻이 통하는 동료 교사가 옆에 있다면 금상첨화다. 본 연구회에서는 교사 스스로를 도구로 삼아 본인의 수업을 살피고 수정 보완하려는 노력을 셀프 코칭이라 정의하고, 그동안 많은 선생님들에게 공개하고 함께 활용하면서 그 효과성을 검증하여 셀프 코칭 수업일지 양식을 구안하였다. 현장 교사들이 셀프 코칭 수업일지를 활용하는 방법으로는 본인 수업 동영상을 촬영해서 활용해도 좋고 학생들의 피드백 자료를 활용해도 좋다. 수업 중 셀프 코칭의 요소를 의식하며 학생들을 관찰한 결과도 좋다. 교사 스스로의 성장을 위한 노력은 자기 수업을 잘 살피게 하고 질 높은 수업으로 귀결될 수밖에 없다.

예시 자료 1 • 교사의 성장을 위한 셀프 코칭 수업일지

셀프 코칭 수업일지

년 월 일

1	나의 수업 이야기	• 문학을 통한 인성교육을 실현하기 위해 이야기 속 인물 '한창남'에 대해 탐구해 보고, 그를 통해 자기 자신을 성찰해 보는 경험을 하도록 한다. 그러고 난 후 그것을 글로 써 보게 하는 과정으로 수업을 계획하였다. 본 수업의 경험을 통해 학생들이 세상의 다양한 삶의 방식을 이해하게 되고 자신에 대해서도 더 깊은 이해를 하게 되는 계기가 되었으면 한다.
2	수업의 목표	• 이야기 속 인물에 대해 탐구하기 • 나에 대해 자아 성찰하기
3	학생들이 재미있고 의미 있게 참여했던 곳	• 나에 대해 알아보는 공부를 회전목마 토론의 자리 이동 방법으로 활동하게 했더니 그 부분에 재미있게 참여했다고 답했다.
4	나의 생각과 학생들의 활동이 다른 곳	〈학생들의 반응이 어긋난 곳〉 • 나의 내면의 모습과 외면의 모습을 찾을 때 헷갈려 해서 반복 설명하는데 진땀이 났다. 〈그렇게 생각한 까닭〉 • 이야기 속 인물에 대해 탐구하기 공부를 할 때 좀 더 정교하게 수업 자료 준비를 하고 그것을 통해 사람의 내면과 외면을 구분 짓게 했더라면 활동 시에 별 무리 없이 수업이 진행되었을 것이다.
5	수업이 남긴 이야기	• 문학 속 인물을 통해 자아 성찰의 경험을 해 본 뒤 수업을 진행하는 과정이 좋았던 것 같다.

만족은 결과가 아니라 과정에서 온다.(제임스 딘)

예시 자료 2 • 교사의 성장을 위한 셀프 코칭 수업일지

셀프 코칭 수업일지

년 월 일

1	나의 수업 이야기	• 교사는 교과서가 아닌 교육과정을 가르쳐야 한다. 학생은 교육과정을 배워야 한다. 하지만 교과서를 가르치고 배우고 있는 것은 아닐까? 우리가 교육과정을 배웠으면 교육과정을 구현해 놓은 교과서를 스스로 만들 수도 있지 않을까?
2	수업의 목표	• 다각형 교과서를 만들어 보자.
3	학생들이 재미있고 의미 있게 참여했던 곳	• 교과서를 만든다는 자체에 강한 흥미와 자부심을 갖고 시작한다. 모둠별로 역할 분담을 해야 하고 협동해야 하는 일이므로 양보와 배려는 필수이다. 몇 번 해 보았던 활동이므로 별 어려움 없이 잘 활동하였다.
4	나의 생각과 학생들의 활동이 다른 곳	• 도형 단원이고 개념이 어렵지 않아 쉽게 할 수 있을 줄 알았는데 의외로 여러 다각형에 대해 헷갈려 했다. 부득이하게 기존의 교과서를 참고하게 했지만 학생들이 다 알고 있다는 착각을 학생들도 교사도 깨닫게 되었다.
		• 개념이 바로 서지 않은 이유는 반복 학습이 부족해서인 것 같다. 정해진 시간 동안 공부한 것이 중요한 것이 아니라 다양한 방법(수학 도구, 수학 관련 도서)으로 반복 학습을 시킬 필요가 있었다.
5	수업이 남긴 이야기	• 가르치는 교사가 가장 공부를 확실히 한 사람이라더니 그 말이 맞다. 학생들을 가르치면서 교사만 개념이 확실히 서고 듣는 학생들은 그렇지 못하다. 학생들 입장에서 교육하는 교사가 되어야겠다.

만족은 결과가 아니라 과정에서 온다.(제임스 딘)

예시자료 3 • 교사의 성장을 위한 셀프 코칭 수업일지

셀프 코칭 수업일지

년   월   일

1	나의 수업 이야기	• 문학 속 인물인 제인 구달의 삶을 통해 세상을 더 넓게 이해하도록 하고 각자가 세상과 소통할 수 있는 방법을 찾게 하고 싶다.
2	수업의 목표	• 이야기 글의 주제를 찾는 방법을 알아보기 • 제인 구달의 세상에 대한 생각을 함께 나누어 보기
3	학생들이 재미있고 의미 있게 참여했던 곳	• 이야기의 주제를 찾는 방법 중 질문 만들기를 통해 내용 파악하기 방법과 이야기 기차 만들기를 통해 이야기의 내용을 파악하게 했다. 전 단원에서 이미 배웠던 활동이라 능숙하면서도 흥미 있게 잘 참여했다.
4	나의 생각과 학생들의 활동이 다른 곳	• 제인 구달이 생각하는 멋진 세상을 공부한 후 그것을 기반으로 각자가 생각하는 멋진 세상에 대한 이미지를 표현하도록 하였는데 조금 장난스럽게 접근하는 학생이 있었다.
		• 문학 속 인물의 생각이 학생들 마음에 깊이 내면화되기 전에 질문을 하여 답을 찾으려는 성급함으로 인한 것 같다. 정답을 찾기 때문에 교사가 만족스럽지 못했지만 학생 자신의 마음속 어딘가는 남아 있지 않을까?
5	수업이 남긴 이야기	• 문학은 위대하다. 시공간을 초월하여 다양한 사람을 만날 수 있게 해 주니까. 그것을 다시 한 번 느끼는 수업이었다.

만족은 결과가 아니라 과정에서 온다.(제임스 딘)

[2] 교사의 감성을 일깨우는 공감 코칭

공감 코칭이란?

사람마다 얼굴이 다르고 성격이 다르듯이 교사마다 수업을 바라보는 관점은 천차만별이다. 그러므로 좋은 수업과 나쁜 수업, 성공한 수업과 실패한 수업은 존재하지 않는다. 물론 수업에 그것을 분석하는 날카로운 잣대를 들이대면 승자와 패자가 존재할 것이다. 하지만 학생들에게 그 수업은 이미 지나간 시간이고 교사들이 뒷북을 칠 필요는 없다. 나쁜 수업을 작정하고 수업하는 교사는 없을 것이고, 실패한 수업을 계획하며 실행하는 교사도 없다.

공감 코칭이란 수업자의 눈으로 수업을 바라보자는 것이다. 수업을 이렇게 계획했지만 이런 점에서 어려움이 생겼을 때 얼마나 당황스러웠을 것이며 그것에서 무엇을 깨달았는지 차분히 들어 주는 시간을 가졌으면 한다.

공감 코칭은 학습자의 눈으로 수업을 살펴보자는 것이다. 학습자가 어떤 부분에서 깨달음이 왔고 이해하기가 쉬웠을지 유추해서 수업자와 함께 생각을 나누어 보자는 것이다. 공감 코칭을 통해 학습자를 보는 수업자와 참관자의 관점이 함께 성장할 수 있는 시간이 될 것이다.

예시 자료 1 • 교사의 성장을 위한 공감 코칭 참관록

수업 공감 참관록

년   월   일

나의 수업 이야기

우리 학생들이 하루 중에서 가장 많은 시간을 상호작용하는 사람이 바로 교사이고, 학생과 교사의 이러한 상호작용은 대부분 학교에서 이루어진다. 상황이 이렇다 보니 교사와 학생 서로가 서로에게 무척 의미 있는 존재가 아닐 수 없다. 서로에 대한 의미가 깊을수록 긍정적 관계가 형성될 가능성이 높다.

마음+ (학생들이 재미있고 의미 있게 참여했던 곳)	• 만든 질문을 짝, 모둠과 살펴보고 의견을 나눌 때 활발하게 참여함. 가을 풍경을 몸으로 표현하며 교실을 자유롭게 돌아다니는 모습이 즐거워 보임.
배움+ (참관자가 배우고 싶은 것)	• 자칫 소란스러워질 수 있는 상황에서 유연하게 대처하는 모습이 인상적임(갑자기 교실에 벌이 들어왔을 때 "저 벌도 우리랑 같이 공부하러 왔나 봐~ 노래 가사를 바꿔 차분하게 자리에 앉을 수 있도록 유도한 점 등).
나눔+ (참관자가 '나라면…'이라고 생각하는 곳)	• 정리 단계에서 단순히 공부한 내용을 확인만 하는 게 아니라 학생들이 궁금한 점을 가지고 더 큰 배움이 일어날 수 있도록 유도한 점이 인상적입니다.
궁금+ (참관자가 궁금한 것)	• 타블로 기법이라는 것을 처음 들어 봤습니다. 도움받을 수 있는 책이나 자료를 안내 부탁드립니다.

혼자 가면 빨리 가지만, 함께 가면 멀리 간다.(아프리카 속담)

예시 자료 2 • 교사의 성장을 위한 공감 코칭 참관록

수업 공감 참관록

년 월 일

나의 수업 이야기

교실(학교)에서 학생과 교사가 좋은 관계로 만난다는 것은 학생들이 교사와 함께 무엇이든 잘 배울 수 있는 준비가 되어 있는 것이라고 생각한다. 각 차시다다 도달해야 할 학습 목표가 있음을 잊어서는 안 되지만, 우선 교사가 학생들의 마음을 읽고, 서로의 관계를 돈독히 하여 학생들이 스스로 공부해 보고자 하는 의지를 갖게 하고 싶다. 학생들이 서로를 존중하며 "선생님이랑 친구랑 함께 공부하는 시간이 참 재미있어요"라고 꾸밈없이 외칠 수 있는 교실이 되게 하고 싶다.

마음+ (학생들이 재미있고 의미 있게 참여했던 곳)	• 스스로가 만든 질문지를 서로에게 묻고 답한 활동(본인이 만든 질문을 친구에게 물어보는 활동 자체가 학생 본인에게 의미 있었을 듯)
배움+ (참관자가 배우고 싶은 것)	• 학습자의 시선에서 수업을 진행하신 점 (수업 방향과 어긋난 질문과 답변에도 공손하게 수용해 주시는 모습)(노래를 부르며 학생들이 가을을 표현할 수 있도록 지도하신 모습)
나눔+ (참관자가 '나라면…'이라고 생각하는 곳)	• 모둠별 대표 질문에 대해서 반 전체가 함께 이야기 나누는 활동에서 질문 하나씩 짚어 보았다면 좀 더 좋았을 듯합니다.
궁금+ (참관자가 궁금한 것)	• 교육 기법-타블로(몸으로 표현하는 것) 기법이 궁금합니다.

혼자 가면 빨리 가지만, 함께 가면 멀리 간다.(아프리카 속담)

예시 자료 3 • 교사의 성장을 위한 수업 공감 협의록

수업 공감 협의록

협의 진행자 소개	• ○○초등학교 최○○입니다.	
수업 참관자 인사 나누기	• 앞뒤 모르는 분과 상호 인사	
수업자 셀프 코칭 나누기	나의 수업 이야기	
	수업의 목표	• 언어 기능 성취 수준만을 가지고 수업을 하기보다 그것을 포함한 인성 목표를 같이 추구하는 것이 좋을 듯해 가미하였다.
	학생들이 재미있고 의미 있게 참여했던 곳	
	나의 생각과 학생들의 활동이 다른 곳	• 학습자 실태 파악과 교사의 발문에 대해 반성적 사고를 하게 된 계기였음.
	수업이 남긴 이야기	
공감 코칭 나누기	마음+ (학생들이 재미있고 의미 있게 참여했던 곳)	• 학생들과 한창남에 대해 이야기할 때 카드를 활용하니 내용이 훨씬 풍성해진 부분이 좋았다. • 회전목마를 활용하여 돌아가며 이야기하기 했던 부분이 좋았음. • 나를 탐구하는 부분에서 가치카드를 활용한 부분이 좋았음. • "가난하지만……." 이 부분을 자꾸만 생각하게 하는 발문이 인상적이었고 생각하게 한 것이 좋았다.

공감 코칭 나누기	마음+ (학생들이 재미있고 의미 있게 참여했던 곳)	• 기본 학습 훈련을 잘해야겠다는 생각이 들었다. • 초성으로 알아맞히기 했던 활동도 여럿이서 생각하게 하는 데 도움이 되는 활동이었던 것이 좋았음.

공감 코칭 나누기	배움+ (참관자가 배우고 싶은 것)	• 버츄카드-학생들과 교사가 행복한 활동이다. 사람들의 마음속에는 소중한 덕목이 있으나 사용 빈도가 사람에 따라 다르다. 학생들에게 사용하게 유도하면 훨씬 풍성해지고 어려워하지 않고 많이 활용한다.
		• 활용 방법 단계 안내
		  1. 학생들에게 보석이 있음을 확신시켜 주고 꺼내 써야 함의 당위성을 설득
		  2. 책 만들어서 자기 나름대로 덕목과 친해지는 활동하기
		  3. 스스로 혹은 친구들에게서 덕목 찾기 활동 찾기
		  구입처-1세트에 3만 원 정도하니까 파일로 활용하시는 것이 좋겠다.
		• 교사 활동 언어 사용: 고맙다, 감사하다, 존중하자.
		• 인성 중심의 낱말을 사용하여 주의 집중을 시키는 부분이 인상적이었다.
		• 자기 성찰 활동 부분에서 좋았음.
		• 아하 대화법: 이야기하고 듣는 사람이 "아하" 하고 맞장구를 쳐 주는 것-대화 예절이 자동으로 이루어지고 인성교육에도 도움이 되는 방법이라고 생각된다.
		• 내 마음의 보석이라고 표현하는 부분을 사용해야겠다는 생각이 들었다.
		• 아동 활동에서 만나서 반갑습니다. 인사 후 칭찬으로 만나서 활동을 하게 하는 것이 학생들을 부드럽게 진행시키는 것이 좋았다.
		• 회전목마 토론-찬성, 반대로 줄을 만들고 한쪽만 바꾸어 가게 하면서 서로의 생각을 나누게 하는 것.

공감 코칭 나누기	나눔+ (참관자가 '나라면…'이라고 생각하는 곳)	• 정리 단계에서 한창남에게서 배우고 싶은 점 등에 대해 이야기 나누고 토의 토론해 보는 활동을 해 보았으면 어땠을까? • 나라면 이렇게 수업을 못했을 것이다. 너무 잘 진행하신 것 같다. • 마지막 부분에서 친구 보석 찾아 주기가 대단히 인상적이었다. 학생들이 선생님에게서 보석을 찾아 주는 부분도 좋았다. • 내면과 외면으로 분류 기준을 나누었을 때 학생들의 생각 단계에서 조금 더 구체적으로 제시해 주었더라면 하는 아쉬움이 있었다. • 나에 대한 탐구 부분에서 충분히 많은 시간을 갖도록 했으면 좋겠다. • 작품을 깊이 있게 이해하기 위해서 한창남을 깊이 있게 이해하는 대목에서 내면과 외면으로 분류하는 것이 위험하지 않았을까 하는 생각이 들었다. • 단원 목표와 어떤 맥락으로 이 수업이 진행되었을까 하는 궁금증이 들었음. • 학생들의 작품 속의 내면화. • 글쓰기를 넣어 두고 수업을 진행하려고 한 부분이 욕심을 많이 내지 않았나 하는 생각. • 도입 부분에서 이야기의 구성 요소를 짚고 큰 맥락을 짚어서 전개 부분에 들어왔으면 하는 생각이 들었다.
	궁금+ (참관자가 궁금한 것)	• 평상시에도 카드나 감정수업 등을 활용 방법 Step 1. 자기 감정 인식 Step 2. 감정 존중하되 행동에 한계를 주는 것 Step 3. 가치카드를 덧붙여 행동을 인식시켜 주는 것 Step 4. 지속성을 가지고 활동하는 것

	궁금+ (참관자가 궁금한 것)	• 평소에도 이렇게 잘 지내는 편인가?-평상시에도 내 마음의 보석-가치카드를 활용하여 생활지도를 하려고 노력하는 편이다. • 활동 3의 글쓰기가 궁금했으며 실제로도 한 문단에 5~6문장으로 구성되게 하는 활동(공동 창작 모형)이 잘 되는가?-실제로 일기 쓰기에서 쓰게끔 평상시 지도한다. • 책을 읽게 하는 순서-돌려 읽기-학생들과 약속이 되어 있다.
멘토 한마디		• 참관록의 차이점에 대해서 거수로 확인했는데 수업 공감 참관록이 참신하고 좋았다. • 수업자 선생님의 수업을 통해 과거 현재 미래를 보았다. 앞으로 멋지게 성장하시길 바란다.

혼자 가면 빨리 가지만, 함께 가면 멀리 간다.(아프리카 속담)

Extra

감성수업 도우미들

[1] 감정카드: 마음을 열어 주는 감정놀이 카드
[2] 가치카드: 내 마음의 보석
[3] 셀프 코칭 & 공감 코칭 양식
[4] 감성수업을 반영한 학교교육 계획 예시
[5] Q & A

[1] 감정카드:
마음을 열어 주는 감정놀이 카드

 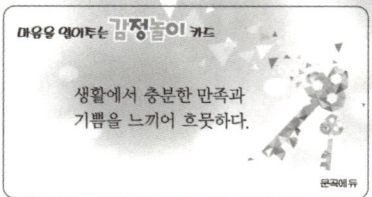

 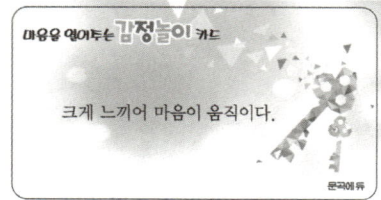

 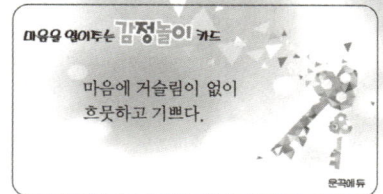

 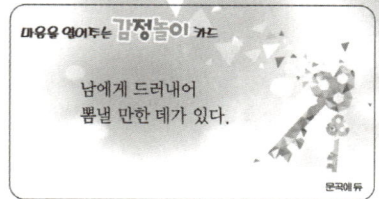

 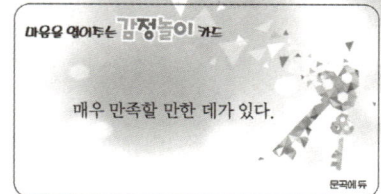

 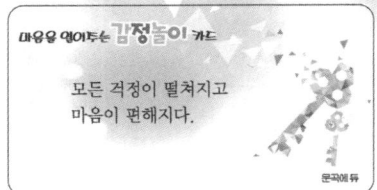

 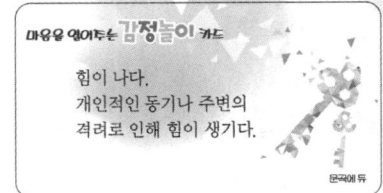

 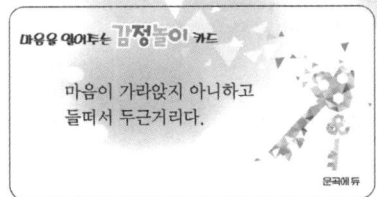

 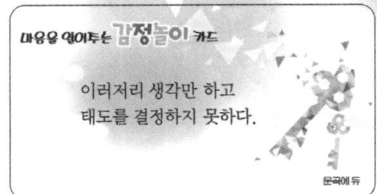

 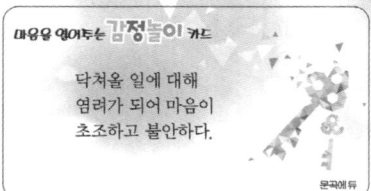

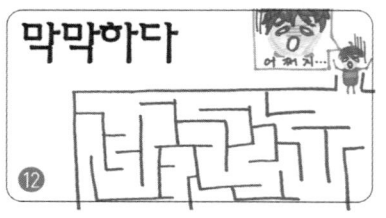 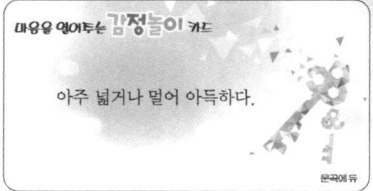

 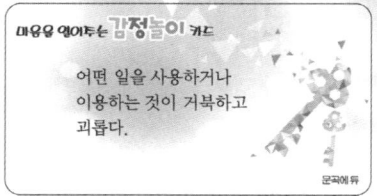

 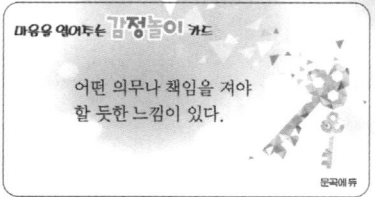

 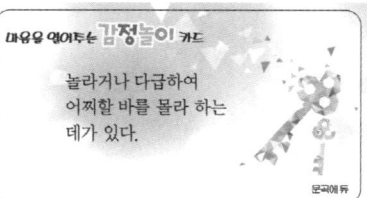

 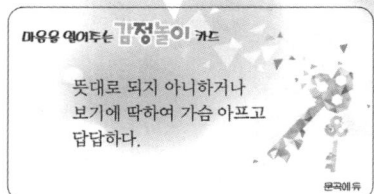

 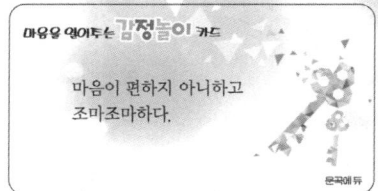

 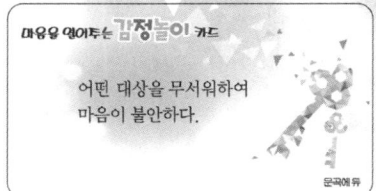

 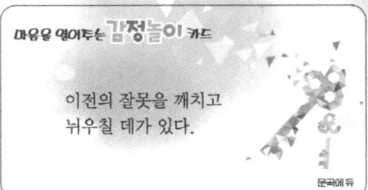

 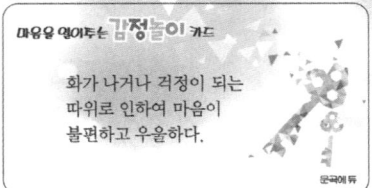

 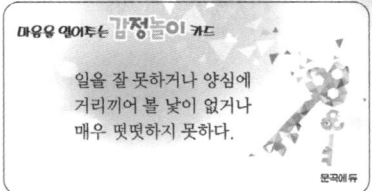

 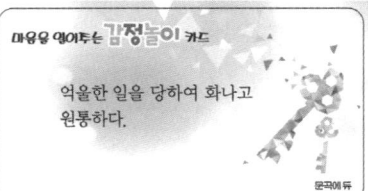

 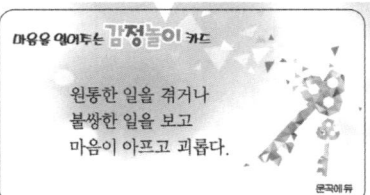

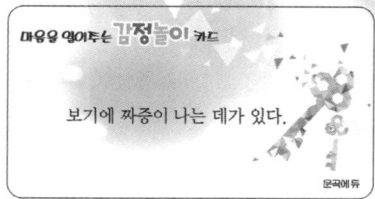

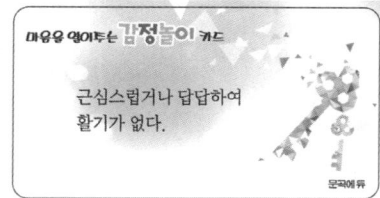

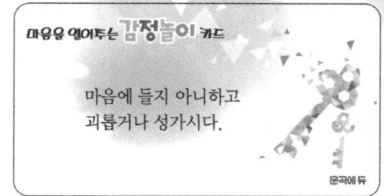

[2] 가치카드: 내 마음의 보석

나 1. **목표의식**이란 당신이 이루고자 하는 목표를 구체적이고 실질적으로 정하는 것입니다.

나 2. **부지런함**이란 꾸준히 그리고 열심히 일하는 것입니다.

나 3. **성실**이란 온갖 힘을 다하여 자신의 신념과 행동이 참되게 조화를 이루도록 하는 태도입니다.

나 4. **열정**이란 자신이 하고 싶고 바라는 게 있을 때 스스로 온 마음과 힘을 쏟아 내는 긍정적인 에너지를 말합니다.

나 5. **용기**란 두려움 앞에 당당히 맞서 옳은 일을 기꺼이 선택하는 마음입니다.

나 6. **인내**란 어려움을 이겨 내어 결국 꿈을 이루려는 간절한 마음입니다.

나 7. **정돈**은 어지럽게 흩어진 주변을 조화롭고 청결하게 바로잡아 정리하는 것을 말합니다.

나 8. **정직**이란 거짓이 없는 진실한 마음과 태도입니다.

나 9. **창의성**이란 남과 다르게 생각하고 새로운 것을 상상하여 자신 있게 시도하는 마음과 행동입니다.

나 10. **책임감**이란 자신에게 맡겨진 일이나 의무에 대해 최선을 다해 보고자 하는 마음입니다.

나 11. **탁월함**은 남보다 두드러지게 뛰어난 능력을 발휘했을 때 얻어지는 것입니다.

*보석쿠키에 넣으실 수 있습니다.

우리 1. 감사란 내가 가진 모든 것을 있는 그대로 고맙게 받아들이는 마음입니다.

우리 2. 겸손은 다른 사람을 존중하고 자신을 내세우지 않는 태도를 말합니다.

우리 3. 공감은 다른 사람의 감정, 의견, 주장 등에 대하여 자신도 그렇다고 느끼는 것입니다.

우리 4. 도움은 다른 사람이 필요로 하는 것을 채워 주는 것입니다.

우리 5. 믿음이란 어떤 사실이나 사람을 의심하지 않는 긍정적인 삶의 태도입니다.

우리 6. 배려란 주위 사람이나 사물의 처지를 헤아려 도와주거나 보살펴 주려는 마음 씀씀이입니다.

우리 7. 사랑이란 긍정하고 좋아해서 가슴을 따뜻하게 해 주는 특별한 감정입니다.

우리 8. 용서란 누군가 자신에게 잘못을 저질렀을 때 그에게 다시 기회를 주는 것입니다.

우리 9. 유머란 진실을 말하되 상대방의 감정을 고려하여 그것을 친절하고 부드럽게 표현하는 능력입니다.

우리 10. 존중이란 무언가를 귀하게 여겨 보호해 주고 지켜 주는 것입니다.

우리 11. 친절이란 다른 사람에게 상냥하며 따뜻하게 도움을 주는 행동입니다.

*보석쿠키에 넣으실 수 있습니다.

공동체 1. **균형**이란 중요한 삶의 가치들이 치우치거나 모자람 없이 조화로운 상태입니다.

공동체 2. **긍정**이란 선하고 좋은 것에 초점을 두며, 가장 좋은 결과를 기대하고 확신하는 낙관적 태도입니다.

공동체 3. **너그러움**이란 다른 사람의 말이나 행동, 생각의 차이를 있는 그대로 받아들이는 마음을 말합니다.

공동체 4. **명예**란 나보다 다른 사람을 위한 삶을 우선시하여 실천함으로써 사회에 도움을 주고 스스로 그것에 기쁨을 느끼는 것입니다.

공동체 5. **봉사**란 자발적으로 내 것을 남과 나눔으로써 그들의 삶이 풍요로워지도록 도와주는 것을 말합니다.

공동체 6. **소통**이란 뜻이 통하여 생각과 느낌을 오해가 없이 나누는 것입니다.

공동체 7. **예절**이란 자신의 몸가짐이 공손해서 상대방이 소중한 존재임을 느낄 수 있게 해 주는 관계의 비밀열쇠입니다.

공동체 8. **지혜**는 주변의 모든 상황을 종합적으로 파악하여 가장 합리적인 해결책을 빨리 찾아내는 것입니다.

공동체 9. **평화**란 걱정이나 갈등이 없이 서로 뜻이 잘 맞고 정다우며 믿음이 충만한 상태를 말합니다.

공동체 10. **협동**이란 다른 사람과 마음과 힘을 합하여 함께 일하고 짐을 나누어지는 것입니다.

공동체 11. **헌신**은 자신이 가치 있다고 생각하는 것을 위해 몸과 마음을 바쳐 있는 힘을 다하는 것입니다.

*보석쿠키에 넣으실 수 있습니다.

나 1. 목표의식

목표의식이란 당신이 이루고자 하는 목표를 구체적이고 실질적으로 정하는 것입니다.

목표의식의 힘은 당신이 이루고자 하는 일을 머릿속에 그린 다음 그것에 집중하는 태도에서 나옵니다.

목표의식을 가지면 자신이 간절히 원하던 일이 실제로 일어나게 할 수 있습니다.

나 2. 부지런함

부지런함이란 꾸준히 그리고 열심히 일하는 것입니다.

부지런함의 힘은 자신이 하는 일에 대한 열정에서 나옵니다.

부지런하면 우리가 하는 모든 일을 성공으로 인도합니다.

나 3. 성실

성실이란 온갖 힘을 다하여 자신의 신념과 행동이 참되게 조화를 이루도록 하는 태도입니다.

성실의 힘은 자기에게 주어진 일에 진심과 정성을 다하는 마음의 자세에서 우러나옵니다.

성실한 사람은 불리한 환경이나 조건에 영향을 받지 않고 일관되고 능동적으로 자신의 삶을 관리할 수 있습니다.

나 4. 열정

열정이란 자신이 하고 싶고 바라는 게 있을 때 스스로 온 마음과 힘을 쏟아 내는 긍정적인 에너지를 말합니다.

열정의 힘은 내면의 열망을 적극적인 행동으로 표현하는 데에서 나옵니다.

　열정적인 사람은 자신을 자랑스럽게 여기며 지속적으로 꿈과 소망을 키워 활력 넘치는 생활을 할 수 있습니다.

나 5. 용기

　용기란 두려움 앞에 당당히 맞서 옳은 일을 기꺼이 선택하는 마음입니다.
　용기의 힘은 무섭고 힘에 부치는 일에도 그것을 발판으로 나아지고 성장하려는 열망에서 나옵니다.
　용기를 가지면 모험 가득한 멋진 삶을 살 수 있고 자신이 실수했을 때 즉시 사과하고 용서를 구할 수 있는 멋진 사람이 될 수 있습니다.

나 6. 인내

　인내란 어려움을 이겨 내어 결국 꿈을 이루려는 간절한 마음입니다.
　인내의 힘은 불평하지 않고 목표를 향해 노력하는 의지에서 나옵니다.
　인내를 하면 내가 바라는 미래의 모습이 현실이 될 수 있습니다.

나 7. 정돈

　정돈은 어지럽게 흩어진 주변을 조화롭고 청결하게 바로잡아 정리하는 것을 말합니다.
　정돈의 힘은 내 몸과 마음의 복잡함을 깨끗이 털어 버리고 내 주변의 질서를 바로 세우고자 하는 데서 일어납니다.
　정돈된 삶은 홀가분한 마음으로 살 수 있으므로 평화를 가져올 수 있습니다.

나 8. 정직

정직이란 거짓이 없는 진실한 태도입니다.

정직의 힘은 있는 그대로 자신을 긍정하고 믿는 당당함에서 나옵니다.

정직한 행동을 많이 하면 다른 사람이 당신을 믿을 수 있게 됩니다.

나 9. 창의성

창의성이란 남과 다르게 생각하고 새로운 것을 상상하여 자신 있게 시도하는 마음입니다.

창의성의 힘은 잠재된 자신의 열정과 재능을 일깨우고 다른 사람과 협력하려는 마음가짐에서 나옵니다.

창의성을 가지면 이전에 없었던 것들을 세상을 향해 내놓을 수 있으며 풍요로운 삶을 살아갈 수 있습니다.

나 10. 책임감

책임감이란 자신에게 맡겨진 일이나 의무에 대해 최선을 다해 보고자 하는 마음입니다.

책임감의 힘은 즐겁지 않은 일도 긍정적으로 받아들이게 하고 자신의 능력을 더 키워 줍니다.

책임감 있는 행동을 하면 사랑을 품은 성숙한 어른이 되어 갑니다.

나 11. 탁월함

탁월함은 남보다 두드러지게 뛰어난 능력을 발휘했을 때 얻어지는 것입니다.

탁월함의 힘은 자신이 가진 가능성을 믿고 재능을 꽃피우기 위해 최선을 다하는 태도에서 길러집니다.

자신의 탁월함을 찾으면 가장 성공할 수 있는 지름길이 됩니다.

우리 1. 감사

감사란 내가 가진 모든 것을 있는 그대로 고맙게 받아들이는 마음입니다.

감사의 힘은 아주 작은 것에도 배우고 사랑하고 존재하는 것 자체에 대해 고마움을 느낄 때 오는 것입니다.

감사하는 삶은 어린아이가 선물을 받은 것처럼 우리의 삶을 늘 기쁘고 행복한 것으로 만들어 줍니다.

우리 2. 겸손

겸손은 다른 사람을 존중하고 자신을 내세우지 않는 태도를 말합니다.

겸손의 힘은 인간은 누구나 위대한 존재이며 또한 누구든지 부족한 존재임을 받아들이는 데서 오는 것입니다.

겸손한 삶은 어떤 일을 했더라도 자랑하는 대신 감사하는 마음을 갖습니다.

우리 3. 공감

공감은 다른 사람의 감정, 의견, 주장 등에 대하여 자신도 그렇다고 느끼는 것입니다.

공감의 힘은 다른 존재들과 마음으로 연결하여 함께 소통하고자 하는 바람에서 생깁니다.

공감하는 사람은 주변에 따뜻한 관심과 주의를 기울이게 됩니다.

우리 4. 도움

도움은 다른 사람이 필요로 하는 것을 채워 주는 것입니다.

도움의 힘은 다른 사람의 어려움을 공감해 줄 수 있는 따뜻한 마음의 여유가 있을 때 생겨납니다.

도움을 주고받는 사람은 우리가 함께 의지하며 살아가는 존재임을 알게 됩니다.

우리 5. 믿음

믿음이란 어떤 사실이나 사람을 의심하지 않는 긍정적인 삶의 태도입니다.

믿음의 힘은 두려움으로 주춤거리지 않고 자신이 한 약속을 지키며 최선을 다하는 행동에서 비롯됩니다.

믿음이 있는 사람은 자신감이 생기고, 자신이 믿는 바를 흔들림 없이 지켜 낼 수 있으며, 일이 당신에게 맡겨졌다는 사실을 알면 다른 사람들이 안심할 수 있습니다.

우리 6. 배려

배려란 주위 사람이나 사물의 처지를 헤아려 도와주거나 보살펴 주려는 마음 씀씀이입니다.

배려의 힘은 이해관계를 따지지 않고 따뜻한 관심을 가지는 마음에서 솟아납니다.

배려하는 사람은 사람과 사물을 조심스럽게 다루며 세상을 좀 더 안전하고 따뜻한 곳으로 만들어 갈 수 있습니다.

우리 7. 사랑

사랑이란 긍정하고 좋아해서 가슴을 따뜻하게 해 주는 특별한 감정입니다.

사랑의 힘은 자신을 믿고 성실하게 살아가는 삶 속에서 나옵니다.

사랑을 하면 세상을 아름답고 행복하게 살아갈 수 있습니다.

우리 8. 용서

용서란 누군가 자신에게 잘못을 저질렀을 때 그에게 다시 기회를 주는 것입니다.

용서의 힘은 미움과 분노를 이겨 내고 자신이 행복하고자 하는 마음이 강해야 생겨납니다.

용서의 마음을 가지면 마음의 상처가 자신을 지배하지 못하게 해서 어두운 과거에서 밝은 미래로 나아가게 합니다.

우리 9. 유머

유머란 진실을 말하되 상대방의 감정을 고려하여 그것을 친절하고 부드럽게 표현하는 능력입니다.

유머의 힘은 다른 사람의 감정을 배려하는 마음에서 나옵니다.

유머러스한 사람은 당신이 하고자 하는 말에 귀를 더 잘 기울이게 되고 당신을 좋아하게 됩니다.

우리 10. 존중

존중이란 무언가를 귀하게 여겨 보호해 주고 지켜 주는 것입니다.

존중의 힘은 저마다 다른 삶의 배경과 경험의 다름을 긍정하고 소중하게 대하는 마음에서 나옵니다.

존중하는 행동은 다른 사람에게 자신의 생각을 강조하지 않고 있는 그대로 인정해 주고 긍정해 주기 위해 공손하고 예의 바릅니다.

우리 11. 친절

친절이란 다른 사람에게 상냥하며 따뜻하게 도움을 주는 행동입니다.

친절의 힘은 누구보다 먼저 자신에게 친절하고 긍정적 에너지를 가질 때 생깁니다.

친절한 행동을 하면 누군가 슬픔에 잠겨 있을 때 괴로움에 힘들어 할 때 그 사람의 영혼까지 위로할 수 있습니다.

공동체 1. 균형

균형이란 중요한 삶의 가치들이 치우치거나 모자람 없이 조화로운 상태입니다.

균형의 힘은 몸과 마음이 보내는 소리를 잘 듣고 그것들과 조화를 이루려는 노력으로 생겨납니다.

균형을 이루면 과장되거나 극단적인 말과 행동을 하지 않게 되고 평온한 삶을 유지하게 됩니다.

공동체 2. 긍정

긍정이란 선하고 좋은 것에 초점을 두며, 가장 좋은 결과를 기대하고 확신하는 낙관적 태도입니다.

긍정의 힘은 어려움에 굴하지 않고 희망찬 미래를 꿈꾸는 마음에서 나옵니다.

긍정적으로 살아가면 주위를 밝고 환하게 만들고 현재를 즐길 수 있게 됩니다.

공동체 3. 너그러움

너그러움이란 다른 사람의 말이나 행동, 생각의 차이를 있는 그대로 받아들이는 마음을 말합니다.

너그러움의 힘은 편견으로부터 벗어나 모든 사람이 저마다 고유한 감정과 생활양식이 있음을 이해하는 마음의 유연성과 여유에서 나옵니다.

너그러운 사람은 생각이나 행동양식이 다른 사람들을 인정함으로써 감동을 주게 되어 화합하는 삶을 누릴 수 있습니다.

공동체 4. 명예

명예란 나를 위한 삶보다 다른 사람을 위한 삶을 우선시하여 실천함으로써 사회에 도움을 주고 스스로 그것에 기쁨을 느끼는 것입니다.

명예의 힘은 다른 사람을 진실 되게 이해하고 사랑하는 마음에서 얻어집니다.

명예롭게 살아가는 사람이 많아질수록 우리가 사는 세상이 밝고 따뜻하며 아름다워질 수 있습니다.

공동체 5. 봉사

봉사란 자발적으로 내 것을 남과 나눔으로써 그들의 삶이 풍요로워지도록 도와주는 것을 말합니다.

봉사의 힘은 아무 대가 없이 내 것을 기꺼이 나누고자 하는 마음에서 우러나옵니다.

봉사하는 사람은 내 것을 나눔으로써 자신의 존재와 삶의 가치를 깨달아 가며 이웃과 더불어 잘 살아갈 수 있습니다.

공동체 6. 소통

소통이란 뜻이 통하여 생각과 느낌을 오해가 없이 나누는 것입니다.

소통의 힘은 상대방의 의견을 존중하고자 하는 마음에서 나옵니다.

소통하는 사람은 상대방의 메시지를 경청하고 적절하게 반응하며, 명확하게 질문하여 상대에게 의견을 분명히 전달할 수 있습니다.

공동체 7. 예절

예절이란 자신의 몸가짐이 공손해서 상대방이 소중한 존재임을 느낄 수 있게 해 주는 관계의 비밀열쇠입니다.

예절의 힘은 자신과 다른 사람을 소중하게 여기는 마음에서 우러나옵니다.

예절 있는 사람은 사람과의 관계에서 생길 수 있는 갈등과 불신을 극복하고 오랫동안 그 사람과의 관계를 유지할 수 있게 해 줍니다.

공동체 8. 지혜

지혜는 주변의 모든 상황을 종합적으로 파악하여 가장 합리적인 해결책을 빨리 찾아내는 것입니다.

지혜의 힘은 누구에게서나 무엇에서나 배우려는 노력과 정성에서 나옵니다.

지혜로운 사람은 다른 사람들의 정신적 지주, 삶의 나침반이 되어 문제를 해결할 수 있도록 이끌어 줍니다.

공동체 9. 평화

평화란 걱정이나 갈등이 없이 서로 뜻이 잘 맞고 정다우며 믿음이 충만한 상태를 말하며, 힘에 대한 애착을 버리고 사랑의 힘을 선택하는 것입니다.

평화의 힘은 이기심과 승자에 대한 애착을 버리고 온유함과 평온함을 추구하는 데서 비롯됩니다.

평화로운 사람은 서로 다른 특성을 두려움이나 배척의 대상으로 삼지 않고 함께 어울려 일하고 살아가면서 개개인의 힘으로 할 수 있는 것보다 훨씬 많은 것을 성취할 수 있습니다.

공동체 10. 협동

협동이란 다른 사람과 마음과 힘을 합하여 함께 일하고 짐을 나누어 지는 것입니다.

협동의 힘은 나를 비롯한 모두가 중요한 존재이고 훌륭한 역할을 할 수 있다는 믿음에서 나옵니다.

협동을 하면 큰일을 기대 이상으로 해낼 수 있고 서로의 관계를 깊이 있게 만들어 줍니다.

공동체 11. 헌신

헌신은 자신이 가치 있다고 생각하는 것을 위해 몸과 마음을 바쳐 있는 힘을 다하는 것입니다.

헌신의 힘은 친구, 일, 믿음 등에 가치가 있다고 확신하는 마음에서 우러나옵니다.

헌신하는 사람은 자신의 행동에 쉽게 지치지 않고 즐기면서 긍지를 느끼며 끝까지 해냅니다.

[3] 셀프 코칭 & 공감 코칭 양식

교사의 성장을 위한 셀프 코칭 수업일지

셀프 코칭 수업일지

년 월 일

1	나의 수업 이야기	
2	수업의 목표	
3	학생들이 재미있고 의미 있게 참여했던 곳	
4	나의 생각과 학생들의 활동이 다른 곳	
5	수업이 남긴 이야기	

교사의 성장을 위한 공감 코칭 참관록

수업 공감 참관록

년　월　일

나의 수업 이야기

마음+ (학생들이 재미있고 의미 있게 참여했던 곳)	
배움+ (참관자가 배우고 싶은 것)	
나눔+ (참관자가 '나라면…'이라고 생각하는 곳)	
궁금+ (참관자가 궁금한 것)	

교사의 성장을 위한 수업 공감 협의록

수업 공감 협의록

협의 진행자 소개		
수업 참관자 인사 나누기		
수업자 셀프 코칭 나누기	나의 수업 철학	
	본 차시 수업의 목표	
	학생들이 재미있고 의미 있게 참여했던 곳	
	나의 의도와 학생들의 반응이 어긋난 곳	
	이 수업을 통해 새로이 깨달은 점	
공감 코칭 나누기	마음+ (학생들이 재미있고 의미 있게 참여했던 곳)	
	배움+ (참관자가 배우고 싶은 것)	
	나눔+ (참관자가 '나라면…' 이라고 생각하는 곳)	
	궁금+ (참관자가 궁금한 것)	
격려 샤워	※모든 참관자가 수업자의 마음을 공감하기 위해 격려해 준다.	

[4] 감성수업을 반영한 학교교육과정 운영 계획 예시

마음의 힘을 기르는 따뜻한 감성수업 전개

▶ 목적

학생들의 몸과 마음의 감성을 깨우는 수업을 진행함으로써 학생들 스스로 감정을 현명하게 조절할 수 있는 능력을 키워 감성지능을 향상시키도록 한다.

▶ 추진 방침
- 전 학년 학기당 1회, 연 2회 감성수업을 실시한다.
- 감성수업 주제별로 10차시 내외의 수업을 진행한다.
- 감성수업은 수석교사 공개수업과 연수로 전체 교사들과 공유하고, 각 주제는 담임교사가 교실에서 격주에 1회씩 실시한다.
- 감성수업이 내실화 있게 운영될 수 있도록, 연수 및 지원을 철저히 한다.

▶ 세부 추진 내용

• 감성수업 주제 및 시기

주제	시기
자기 인식하기-나의 감정 알기	3월 4주
자기 조절하기-나와 친구의 감정 조절하기	4월 4주
목표 설정하기-나의 진로 계획 세우기	5월 4주
공감하기-다름을 존중하기	9월 4주
사회화하기-배운 것을 학교 밖으로 나누기	10월 4주

• 감성 수업 방법

자기 인식	자기 조절	목표 설정	공감	사회화
나의 감정 알기	나와 친구의 감정 조절하기	나의 진로 계획 세우기	다름을 존중하기	배운 것을 학교 밖으로 나누기
• 1분 동안 나의 감정 써 보기, 감정 카드 보고 적어 보기 • 카드 보고 감정의 종류 확대해 보기	• 두려운 감정 알아보기 • 화 조절하기 • 분노 조절하기	• 버킷 리스트 세우기 • 가치관 찾아 보기	• 생명의 다리에 따뜻한 말 써 보기 • 다른 사람의 입장에서 생각하기	• 시리아 난민들의 이야기를 듣고 내가 할 수 있는 일 찾아 보기 • 다른 사람이 했던 일 찾아보기

• 세부 프로그램 운영 계획

(1) 나의 감정 알기(자기 인식)-3월 4주

가) 운영 방침
• 1분 동안 나의 감정 써 본 후 감정 카드를 보고 덧붙여 적어 보기

- 수석교사 수업 시간에 실시하고 공개수업을 통해 전체 교사들에게 확대하기
- 다양한 감정의 종류를 인식하기
- 감정이 가진 역동성을 이용하여 자신의 감정 수용하기
- 개인별 감정카드를 통해 수시로 감정을 확인하고 일기장에 글로 써 보기

나) 학생 감성 체크리스트 활용

〈감정 단어〉

가. 행복한, 감동한, 기쁜, 즐거운, 상쾌한, 유쾌한, 흐뭇한, 편안한, 만족스러운, 충만한, 흡족한, 뿌듯한, 자신만만한, 자랑스러운, 당당한, 흥미로운, 설레는, 희망찬, 기대하는, 다행스러운, 안도하는, 안심되는, 힘나는.

나. 망설여지는, 부러운, 조마조마한, 걱정스러운, 겁나는, 근심스러운, 긴장되는, 두근거리는, 두려운, 떨리는, 초조한, 불안한, 속상한, 괴로운, 후회스러운, 무기력한, 좌절한, 막막한, 심란한, 부담스러운, 안타까운, 어려운, 힘든, 부끄러운, 지루한.

다. 신경질 나는, 짜증 나는, 화나는, 억울한, 실망스러운, 서글픈, 슬픈, 허무한, 갑갑한, 난처한, 당황스러운, 수치스러운, 창피한, 불만스러운, 불쾌한, 기죽은, 시큰둥한, 절박한, 재미없는, 시시한, 무관심한, 우울한, 귀찮은, 비참한.

〈학생 감성 체크〉

※ 다음 괄호 안에 일상에서 느끼는(느꼈던) 감정을 적어 봅시다.
1. 아침에 나는 학교에 갈 때 (   ) 느낌이 든다.
2. 등교 길에 친구를 만나면 (   ) 느낌이 든다.
3. 우리 교실 문을 열고 들어서면 나는 (   ) 느낌이 든다.
4. 교실에 있는 친구들을 보면 나는 (   ) 느낌이 든다.
5. 교실에서 선생님을 만날 때 (   ) 느낌이 든다.
6. 아침 활동 시간에 나는 (   ) 느낌이 든다.
7. 1교시 시작종이 울릴 때 나는 (   ) 느낌이 든다.
8. 수업 중에 대체로 나는 (   ) 느낌이 든다.

9. 쉬는 시간에 나는 (　　) 느낌이 든다.
10. 점심시간에 나는 (　　) 느낌이 든다.
11. 학교 수업이 모두 끝나면 나는 (　　) 느낌이 든다.
12. 가방을 메고 교실을 나설 때 나는 (　　) 느낌이 든다.

※위의 12가지 괄호에 넣은 감정 단어를 세어 보세요.
가. (　　) 개
나. (　　) 개
다. (　　) 가

(2) 나와 친구의 감정 조절하기(자기 조절)-4월 4주

가) 운영 방침

- 학생들의 부정적인 감정을 교사들이 어떻게 다루어 줘야 하는지 월 1회 연수를 실시한다.
- 두려운 감정 알고 조절하기
- 화, 분노 알고 조절하기

나) 감정 조절 관련 동화 및 영화 활용

학년	동화 및 영화	학년	동화 및 영화
1	영화 〈사운드 오브 뮤직〉의 한 장면	4	『고함쟁이 엄마』
2	『꼴찌 초록이』의 감정 조절	5	영화 〈인사이드 아웃〉의 다섯 캐릭터
3	『난 왜 자꾸 질투가 날까?』	6	감정을 다스리지 못한 곰 이야기 (6학년 도덕 교과서)

(3) 나의 진로 계획 세우기(목표 설정)-5월 4주

가) 운영 방침

- 학생일 때 꼭 실행해 볼 일들 버킷 리스트 세우기
    - 목표 기한: 나이와 학년을 잘 계산해서 적기
    - 중요도: 별 3개가 가장 중요한 것
    - 달성 여부: 준비 중 / 성공 / 현재 진행 중
    - 달성 연도: 가능하면 월과 일까지 표기
- 국어 텍스트나 사회 교과서 속의 인물마다 다른 가치관 발견하기
- 박약회 1-3-10 인생 목표 설정 활동

나) 목표 설정 관련 자료

내용	관련 자료	
버킷 리스트	자동차 정비사 카터와 돈 많은 사업가 콜의 이야기 (《더 버킷 리스트》, 2007)	
인물 가치관	국어	기찬이와 이호의 가치관 알아보기-꼴찌라도 괜찮아 (3-1)
	사회	북학론과 북벌론의 다른 가치관 발견하고 나에게 적용하기(6-1)
1-3-10 인생 목표	인생의 목표 1가지, 남 관련 다짐 3가지, 나 관련 다짐 3가지, 공부 관련 다짐 3가지, 효도와 관련된 다짐 1가지(코팅해 주고 매일 읽기)-박약회	

(4) 다름을 존중하기(공감)

가) 운영 방침

- 생명의 다리에 따뜻한 말 써 보기
- 다른 사람의 입장에서 생각하기

나) 공감 관련 자료

내용	수업 내용
생명의 다리	'멋진 다리에서 자살률이 높아진다면 어떻게 막을 수 있을까?' 모둠 의견(질문 만들기) 모으기 / 따뜻한 말 써 보기 편지 비행기 만들어 날리기 / 정리하는 글쓰기
다른 사람 입장에 서기	교실에 어려운 처지에 있는 친구들 / 가족 중에서 소통이 더 필요한 구성원들 우리 사회의 소외된 사람들 생각하기

(5) 배운 것을 학교 밖으로 나누기(사회화)

가) 운영 방침

- 시리아 난민들의 이야기를 듣고 내가 할 수 있는 일 찾아보기
  - 쿠르디의 비극 소개하기
  - 시리아 난민과 주변국의 정책에 대해 소개하기
  - 시리아 난민에 대한 관심이 확대된 것과 그 결과에 대해 이야기하기

나) 사회화 관련 자료

내용	수업 내용
도입	사진 속 아이에게는 무슨 일이 일어났을까?
전개	전 세계인들의 반응 알아보기 우리가 할 수 있는 일은 무엇일까? 쿠르디에게 새로운 세상 만들어 주기 함께 공감하기
정리	오늘 만났던 쿠르디 이야기를 부모님께 해 드리고 부모님의 생각을 들어 보시길 바랍니다.

▶ 기대되는 효과
- 학생들이 자신의 감정을 잘 인식하고 조절함으로써 감성지능이 높아질 것이다.
- 인생의 버킷 리스트를 만드는 목표 설정을 통해 자기 주도적으로 학습하고자 하는 마음을 기를 것이다.
- 공감하기 활동을 통해 나와 다른 친구의 마음을 존중함으로써 학교 폭력이 줄어들 것이다.
- 사회화하기 과정을 통해 지구 마을에 일어나는 사건에 대해서 관심을 가지게 될 것이다.

[5] Q & A

Q1. 감정 코칭과 감성수업은 어떻게 다른가요?

A1. 감정 코칭은 감정emotion에 초점을 둔 관계 연구의 세계적인 심리학자인 존 가트맨 박사의 '감정 코치'법을 조벽 교수와 최성애 박사가 가족, 학교, 사회에서 상처와 갈등으로 고통받는 이들을 위해 '감정 코칭'으로 전파하고 있습니다. 감정 코칭 5단계는 '아이의 감정 인식하기, 감정적 순간을 좋은 기회로 삼기, 아이의 감정 공감하고 경청하기, 아이가 감정을 표현하도록 도와주기, 아이 스스로 문제를 해결할 수 있도록 하기'입니다. 실제 이 방법으로 MBC 스페셜 다큐 〈내 아이를 위한 사랑의 기술〉 등의 여러 채널과 책, 강의 등을 통해 학부모와 교사들에게 많은 호응을 받고 있습니다.

감성수업은 "자신과 타인의 감정을 조율하는 감성지능이 IQ보다 중요하며, IQ와 달리 감성지능은 학습을 통해 계발할 수 있다"는 메시지로 전 세계에 '감성혁명'을 일으킨 심리학자 대니얼 골먼의 '감성지능' 이론을 수업에서 적용한 수업의 방법들입니다. 즉 감성지능을 향상하기 위해 감성지능 영역 '자기 인식, 자기 조절, 목표 설정, 공감, 사회화' 등 다섯 가지를 수업에서 적용해 보고 교사와 학생들이 마음의 변화, 수업의 변화를 가져온 결과물들입니다. 실제 한국감성수업연구회에서는 학교에서 발생하는 많은 문제들이 감정과 맞닿아 있고, 그것은 감성지능과 연계되어 있음을 이해하고 감정 코칭 책과 강의 등은 물론 감정과 관련된 여러 가지 연구 자료와 논문, 강의, 자체 연수 등을 통해 교사들이 어떻게 수업에서 감성지능을 향상시킬 수 있는지 계속 고민하고 있습니다.

감정 코칭과 감성수업의 공통점은 많습니다. 감정을 있는 그대로 자연스럽게 이해하고 받아들이는 것, 감정 코칭에서 감정을 표현하는 방식인 행동에 명확한 한계를 두라는 점은 감성수업에서 자기 조절 단계입니다. 감정 코칭이 생활 전반에 걸친 방법이라면 감성수업은 감정 코칭의 정신을 살려 교사가 수업 시간에 활용할 수 있도록 사례를 제시한 것입니다.

Q2. 감정수업과 감성수업은 어떻게 다른가요?

A2. 자신과 타인의 감정을 조율하는 것을 감성지능이라고 합니다. 그러므로 감성지능을 향상시키려면 감정수업이 필연적으로 수반되어야 합니다. 감성지능의 5가지 영역 전반에 감정이 관련되어 있으므로 감정수업을 하는 것이 곧 감성수업이 될 수 있습니다. 감성수업이 감정수업을 포함한다고 할 수 있겠습니다.

Q3. 모든 수업을 감성수업으로 할 수 있나요?

A3. 감성수업은 마음의 힘을 기르고자 하는 수업입니다. 모든 수업에 인지적, 정의적, 기능적 목표가 있다면 감성수업은 정의적이고 기능적인 목표 달성에 적합합니다. 그러므로 모든 수업, 즉 학생들의 마음을 읽어 주는 수업이라면 감성수업이라고 할 수 있습니다. 유치원, 특수, 초등, 중등, 고등학교 학생들 대상 모두에게 가능합니다. 이 책에

는 교과 수업은 초등학교 중심으로 단계별 감성 수업은 중, 고등학생도 함께 할 수 있는 것으로 구성되어 있습니다. 개정판을 발간할 때는 중고등학교 수업안을 더 보충할 예정입니다.

Q4. 감성지능 영역 다섯 가지가 모두 들어가야 감성수업인가요?

A4. 아닙니다. 이 책에 제시된 것처럼 단계별 자기 인식 중심 수업, 자기 조절 중심 수업도 감성수업입니다. 다섯 가지 영역이 고루 들어가면 좋겠지만 한 가지만 중점적으로 다루는 수업안을 계획하셔도 됩니다.

Q5. 감성수업은 꼭 감정카드나 가치카드 도구를 사용해야 하나요?

A5. 아닙니다. 감정카드, 가치카드는 표현 그대로 도구입니다. 필요할 때 사용하시면 됩니다. 2부, 3부에서 수업에 활용되는 장면을 보시면 이해가 될 것입니다. 그리고 감정카드나 가치카드를 매일, 매시간 사용할 필요는 없습니다. 처음 제시할 때는 시간을 두고 차근차근 학생들과 마음을 열어야겠지만 시간이 지날수록 학생들 스스로 움직이고 사용할 수 있도록 구성하는 것이 더욱 좋다고 생각합니다.

Q6. 감성수업에 대해 더 연구하려면 어떻게 해야 하나요?

A6. 한국감성수업연구회에서 함께 활동하시면 됩니다. 카페와 밴드 가입을 하시면 연구회 활동 소식과 자료를 받아 보실 수 있고 상담이나 고민을 올리시면 회원들이 도와드립니다. 그리고 매월 1회 지역모임과 여름방학, 겨울방학 전국모임을 예정하고 있습니다.

Q7. 감정카드나 가치카드 구입은 어떻게 하나요?

A7. 여러 가지 방법이 있어요.
1) 이 책의 부록을 보고 학생들과 직접 만들어 사용하기.
2) 한국감성수업 연구회 카페에서 파일을 다운받아 사용하기
　　※ 감정카드는 학생 1인당 1세트씩 가지고 있는 것이 좋아요.
　　※ 가치카드는 교수학습 자료로 칠판에 게시해 두는 것이 좋아요.
3) 감성수업 연구회에서 제작한 자료 구입해서 사용하기.
　　※ 문의: 아트 올(Art all) 교육자료개발센터(010-3648-1076)

에필로그

감성수업 응원 메시지

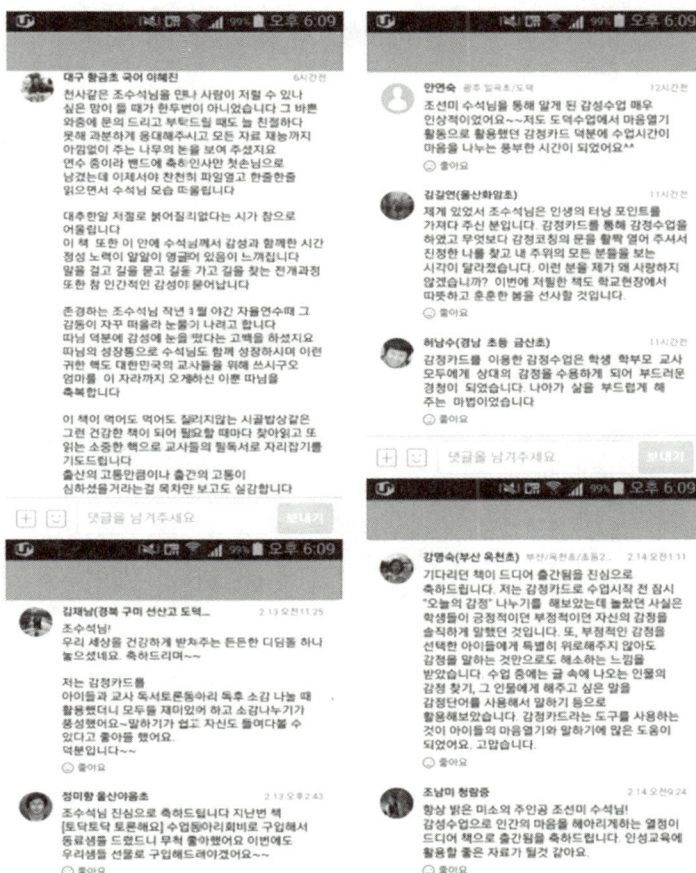

신영숙 충남아산용연초 10시간전
조선미수석님과의 만남을 통하여 수업에서 감정언어를 표현하는 방법에 대해 세심히 알았고, 자기감정을 명확하게 알아차리며 또한 말로 표현하는 방법도 배웠습니다. 교육과정이 수돗물이라면 감성수업은 지하수라 하겠습니다. 이 책이 대한민국 교사들과 학생들에게 끼치게 될 나비효과를 생각하니, 가슴이 두근두근합니다.
좋아요

하송자(부산양성초) 9시간전
감성수업이 인성교육에게 길을 묻다!!!
제목이 넘멋지요~~~
정말 축하축하드립니다!!!
머리부터 발끝까지 감성 그 자체이시더니 드디어 책을 출판하시는군요~
정말 기대됩니다.
수업시작전 감정카드로 감정을 알아주고, 감정을 읽어주는 것만으로도 수업에 자연스럽게 몰입하게 하는 것을 보며 감성수업의 힘을 느꼈습니다.
수석님과 함께해서 넘 영광이고 행복합니다.
인성교육을 우찌해야하는지 물어보거든~~
감성수업하면된다고 전~해~~~라~~~~~

좋아요

성은숙(충북, 옥봉유치원) 10시간전
수석선생님의 가르침에 대한 열정에 감동받습니다. 감성교육에 대해 정립하시고 현장에서 큰 도움이 될것같습니다. 책의 목차를 보니 빨리 읽고 싶어 지네요.
좋아요

유종근 충주 탄금초 10시간전
엿진 마음을 풀어주고 마음을 어루만져주는 감성수업. 일 년 전 이맘 때 처음 만난 후, 수업 준비할 때의 나침반이 되어주곤 합니다.
조선미 수석님의 책이 모든 선생님들의 지표가 되기를 바랍니다.
좋아요

박선애(전남 영광홍농중 영어) 10시간전
대단하시네요^^
진심으로 축하드려요

좋아요

박은선 ─충북교동초3분임장 9시간전
와 조수석님, 책 발간 축하드려요. 아침에 교실에서 얼굴을 맞추며 아이들과 마음 열기에서 감정카드를 활용한 감성토닥이 활동을 통하여 저는 아이들과 더 가까워지고 학생들에게는 내 마음을 알아주는 따뜻한 선생님이 될 수 있었어요. 얼른 책을 읽어서 선생님이 제시한 다양한 활동을 학생들과 함께 해보고 싶어요.
^^❤❤❤❤❤
좋아요

천안동성중 한경화 중등국어 8시간전
축하드립니다. 감성수업은 아이들이나 교사 모두의 마음 길을 터줄 길잡이가 되어주리라 생각합니다.
출판 축하드립니다 수석님~~^^

좋아요

충남 서산고 미술 이성원 모든 아이는 모두의... 8시간전
한 아이의 인성이나 감성 교육으로 얼마나 바뀔 수 있는 것일까 가끔 의구심을 갖기도 했었습니다. 그러던 중 조선미수석님의 감성수업을 듣고 참 편안하고 좋았던 기억이 지금까지 남아 있습니다. 제가 편안하고 좋았던 것처럼 아이들도 그럴 것이라 믿습니다. 출간을 축하드립니다!

좋아요

참고 문헌

- 김영경·박소정,『버츄카드』, 한국버츄프로젝트, 2009.
- 다니엘 핑크,『새로운 미래가 온다』, 한국경제신문사, 2012.
- 대니얼 골먼,『EQ 감성지능』, 비전코리아, 2008.
- 데이비드 호킨스, 백영미 옮김,『의식 혁명』, 판미동, 2011.
- 롤프 메르클레·도리스 볼프,『감정 사용 설명서』, 생각의 날개, 2014.
- 류현수·이정숙,『방과후 아동의 감성교육 프로그램이 아동의 정서지능과 사회적 능력에 미치는 영향-가정환경변인에 따라』, 한국영유아보육학, 2006.
- 말로 모건,『무탄트 메시지』, 정신세계사, 1994.
- 박영숙, 제롬 글렌, 테드 고든,『유엔미래보고서 2045』, 교보문고, 2015.
- 박현희, 토론의 달인 원격 연수 프로그램『아하 대화로 토론 수업하기』, 아이스크림 연수원, 2007.
- 서울대학교 산학협력단,『국어과 창의·인성 수업 모델 연구』, 한국과학창의재단, 2010.
- 엄경희,『올바른 시 교육과 감성교육의 상관성』, 숭실대학교, 2007.
- 엄명자·강현석,『스토리텔링을 통한 감성교육 프로그램 구안 방안 탐구, 문헌연구를 중심으로』, 수산해양교육연구, 2013.
- 이준웅·송현주·나은경·김현석,『정서 단어 분류를 통한 정서의 구성 차원 및 위계적 범주에 관한 연구』, 서울대 언론정보 연구소 한국언론학보 52권 1호, 2008.
- 이진·이승연,『융합인재교육 STEAM 프로그램을 통해 배우는 공감각의 감성적 표현 연구』, 한국콘텐츠학회논문집, 2013.
- 존 가트맨, 최성애,『내 아이를 위한 감정 코칭』, 한국경제신문사, 2011.
- 주현숙,『중학교 국어 교과서의 가치관 분석 및 개선방향』, 전남대학교 교육대학원 석사학위논문, 1993.
- 채인선, 김은정,『아름다운 가치사전』, 한울림 어린이.
- 초등상담나무,『공감대화카드』, 학지사 심리검사연구소, 2013.

- 최유리, 『아이 뇌를 행복하게 하는 감정 코칭-행복할수록 아이는 더 똑똑해진다』, Baby & Kids Brain, 2013.
- 최은아, 『감정교육을 위한 음악과 도덕의 통합지도 방안』, 음악교육공학Jounal of Music Education Science, 2012.
- 탄춘훙, 전왕록 옮김, 『하버드 천재들의 감성수업』, 리오북스, 2016.
- 토드 휘태커, 『훌륭한 교사는 무엇이 다른가』, 지식의 날개, 2009.
- 한형식, 『수업사례로 배우는 수업 기술의 법칙』, 즐거운학교, 2010.
- 홍영미 외 6인, 『교육을 바꾸는 힘, 감성교육』, 즐거운학교, 2013.
- 『가치성장카드와 용기성장카드 활용 자료집』, 마중물가치교육연구소.
- 『교원을 위한 문학적 감성 및 상상력 계발』, 교육과학기술연수원 원격연수 자료집.
- 『도덕 6 교사용 지도서』, 교육부, 2015.
- 『버츄카드 활용 자료집』, 한국버츄프로젝트.
- 『인성교육중심수업 강화를 위한 국어 교수·학습 자료』, 세종특별자치시교육청, 교육부.
- 『초등 수업선도교사 능력향상과정』, 전라남도 교육연수원, 2015.

삶의 행복을 꿈꾸는 교육은 어디에서 오는가?

미래 100년을 향한 새로운 교육

혁신교육을 실천하는 교사들의 필독서

▶ 교육혁명을 앞당기는 배움책 이야기
혁신교육의 철학과 잇걸진 미래를 만나다!

한국교육연구네트워크 총서

01 핀란드 교육혁명
한국교육연구네트워크 엮음 | 320쪽 | 값 15,000원

02 일제고사를 넘어서
한국교육연구네트워크 엮음 | 284쪽 | 값 13,000원

03 새로운 사회를 여는 교육혁명
한국교육연구네트워크 엮음 | 380쪽 | 값 17,000원

04 교장제도 혁명
한국교육연구네트워크 엮음 | 268쪽 | 값 14,000원

05 새로운 사회를 여는 교육자치 혁명
한국교육연구네트워크 엮음 | 312쪽 | 값 15,000원

06 혁신학교에 대한 교육학적 성찰
한국교육연구네트워크 엮음 | 308쪽 | 값 15,000원

한국교육연구네트워크 번역 총서

01 프레이리와 교육
존 엘리아스 지음 | 한국교육연구네트워크 옮김
276쪽 | 값 14,000원

02 교육은 사회를 바꿀 수 있을까?
마이클 애플 지음 | 강희룡·김선우·박원순·이형빈 옮김
352쪽 | 값 16,000원

03 비판적 페다고지는 세상을 변화시킬 수 있는가?
Seewha Cho 지음 | 심성보·조시화 옮김 | 280쪽 | 값 14,000원

04 마이클 애플의 민주학교
마이클 애플·제임스 빈 엮음 | 강희룡 옮김 | 276쪽 | 값 14,000원

05 21세기 교육과 민주주의
넬 나딩스 지음 | 심성보 옮김 | 392쪽 | 값 18,000원

06 세계교육개혁: 민영화 우선인가 공적 투자 강화인가?
린다 달링-해먼드 외 지음 | 심성보 외 옮김 | 408쪽 | 값 21,000원

혁신학교
성열관·이순철 지음 | 224쪽 | 값 12,000원

행복한 혁신학교 만들기
초등교육과정연구모임 지음 | 264쪽 | 값 13,000원

서울형 혁신학교 이야기
이부영 지음 | 320쪽 | 값 15,000원

혁신교육, 철학을 만나다
브렌트 데이비스·데니스 수마라 지음
현인철·서용선 옮김 | 304쪽 | 값 15,000원

혁신교육 존 듀이에게 묻다
서용선 지음 | 292쪽 | 값 14,000원

다시 읽는 조선 교육사
이만규 지음 | 750쪽 | 값 33,000원

대한민국 교육혁명
교육혁명공동행동 연구위원회 지음 | 224쪽 | 값 12,000원

대한민국 교사, 어떻게 가르칠 것인가?
윤성관 지음 | 320쪽 | 값 15,000원

아이들을 어떻게 가르칠 것인가
사토 마나부 지음 | 박찬영 옮김 | 232쪽 | 값 13,000원

아이들의 배움은 어떻게 깊어지는가
이시이 준지 지음 | 방지현·이창희 옮김 | 200쪽 | 값 11,000원

모두를 위한 국제이해교육
한국국제이해교육학회 지음 | 364쪽 | 값 16,000원

경쟁을 넘어 발달 교육으로
현광일 지음 | 288쪽 | 값 14,000원

독일 교육, 왜 강한가?
박성희 지음 | 324쪽 | 값 15,000원

핀란드 교육의 기적
한넬레 니에미 외 엮음 | 장수명 외 옮김 | 452쪽 | 값 23,000원

▶ 비고츠키 선집 시리즈
발달과 협력의 교육학 어떻게 읽을 것인가?

생각과 말
레프 세묘노비치 비고츠키 지음
배희철·김용호·D. 켈로그 옮김 | 690쪽 | 값 33,000원

도구와 기호
비고츠키·루리야 지음 | 비고츠키 연구회 옮김
336쪽 | 값 16,000원

어린이 자기행동숙달의 역사와 발달 I
L.S. 비고츠키 지음 | 비고츠키 연구회 옮김
564쪽 | 값 28,000원

어린이 자기행동숙달의 역사와 발달 II
L.S. 비고츠키 지음 | 비고츠키 연구회 옮김
552쪽 | 값 28,000원

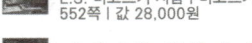
어린이의 상상과 창조
L.S. 비고츠키 지음 | 비고츠키 연구회 옮김
280쪽 | 값 15,000원

연령과 위기
L.S. 비고츠키 지음 | 비고츠키 연구회 옮김
336쪽 | 값 17,000원

성장과 분화
L.S. 비고츠키 지음 | 비고츠키 연구회 옮김
308쪽 | 값 15,000원

의식과 숙달
L.S 비고츠키 지음 | 비고츠키 연구회 옮김
348쪽 | 값 17,000원

관계의 교육학, 비고츠키
진보교육연구소 비고츠키교육학실천연구모임 지음
300쪽 | 값 15,000원

비고츠키 생각과 말 쉽게 읽기
진보교육연구소 비고츠키교육학실천연구모임 지음
316쪽 | 값 15,000원

비고츠키와 인지 발달의 비밀
A.R. 루리야 지음 | 배희철 옮김 | 280쪽 | 값 15,000원

수업과 수업 사이
비고츠키 연구회 지음 | 196쪽 | 값 12,000원

▶ 창의적인 협력수업을 지향하는 삶이 있는 국어 교실
우리말 글을 배우며 세상을 배운다

중학교 국어 수업 어떻게 할 것인가?
김미경 지음 | 340쪽 | 값 15,000원

토론의 숲에서 나를 만나다
명혜정 엮음 | 312쪽 | 값 15,000원

토닥토닥 토론해요
명혜정·이명선·조선미 엮음 | 288쪽 | 값 15,000원

어린이와 시
오인태 지음 | 192쪽 | 값 12,000원

이야기 꽃 1
박용성 엮어 지음 | 276쪽 | 값 9,800원

이야기 꽃 2
박용성 엮어 지음 | 294쪽 | 값 13,000원

인문학의 숲을 거니는 토론 수업
순천국어교사모임 엮음 | 308쪽 | 값 15,000원

수업, 슬로리딩과 함께
박경숙·강슬기·김정욱·장소현·강민정·전혜림·이혜민 지음
268쪽 | 값 15,000원

▶ 평화샘 프로젝트 매뉴얼 시리즈
학교 폭력에 대한 근본적인 예방과 대책을 찾는다

학교 폭력 어떻게 만들어지는가
문재현 외 지음 | 300쪽 | 값 14,000원

학교 폭력, 멈춰!
문재현 외 지음 | 348쪽 | 값 15,000원

왕따, 이렇게 해결할 수 있다
문재현 외 지음 | 236쪽 | 값 12,000원

젊은 부모를 위한 백만 년의 육아 슬기
문재현 지음 | 248쪽 | 값 13,000원

아이들을 살리는 동네
문재현·신동명·김수동 지음 | 204쪽 | 값 10,000원

평화! 행복한 학교의 시작
문재현 외 지음 | 252쪽 | 값 12,000원

마을에 배움의 길이 있다
문재현 지음 | 208쪽 | 값 10,000원

별자리, 인류의 이야기 주머니
문재현·문한뫼 지음 | 444쪽 | 값 20,000원

▶ **4·16, 질문이 있는 교실 마주이야기**
통합수업으로 혁신교육과정을 재구성하다!

통하는 공부
김태호·김형우·이경석·심우근·허진만 지음
324쪽 | 값 15,000원

내일 수업 어떻게 하지?
아이함께 지음 | 300쪽 | 값 15,000원
2015 세종도서 교양부문

인간 회복의 교육
성래운 지음 | 260쪽 | 값 13,000원

교과서 너머 교육과정 마주하기
이윤미 외 지음 | 368쪽 | 값 17,000원

수업 고수들 수업·교육과정·평가를 말하다
박현숙 외 지음 | 368쪽 | 값 17,000원

도덕 수업, 책으로 묻고 윤리로 답하다
울산도덕교사모임 지음 | 320쪽 | 값 15,000원

체육 교사, 수업을 말하다
전용진 지음 | 304쪽 | 값 15,000원

교실을 위한 프레이리
아이러 쇼어 엮음 | 사람대사람 옮김 | 412쪽 | 값 18,000원

마을교육공동체란 무엇인가?
서용선 외 지음 | 360쪽 | 값 17,000원

학교생활기록부를 디자인하라
박용성 지음 | 268쪽 | 값 14,000원

교사, 학교를 바꾸다
정진화 지음 | 372쪽 | 값 17,000원

함께 배움
학생 주도 배움 중심 수업 이렇게 한다
니시카와 준 지음 | 백경석 옮김 | 280쪽 | 값 15,000원

공교육은 왜?
홍섭근 지음 | 352쪽 | 값 16,000원

자기혁신과 공동의 성장을 위한
교사들의 필리버스터
윤양수·원종희·장군·조경삼 지음 | 280쪽 | 값 14,000원

함께 배움 이렇게 시작한다
니시카와 준 지음 | 백경석 옮김 | 196쪽 | 값 12,000원

함께 배움 교사의 말하기
니시카와 준 지음 | 백경석 옮김 | 188쪽 | 값 12,000원

미래교육의 열쇠, 창의적 문화교육
심광현·노명우·강정석 지음 | 368쪽 | 값 16,000원

주제통합수업, 아이들을 수업의 주인공으로!
이윤미 외 지음 | 392쪽 | 값 17,000원

수업과 교육의 지평을 확장하는 수업 비평
윤양수 지음 | 316쪽 | 값 15,000원
2014 문화체육관광부 우수교양도서

교사, 선생이 되다
김태은 외 지음 | 260쪽 | 값 13,000원

교사의 전문성, 어떻게 만들어지나
국제교원노조연맹 보고서 | 김석규 옮김 392쪽 | 값 17,000원

수업의 정치
윤양수·원종희·장군 지음 | 280쪽 | 값 14,000원

학교협동조합,
현장체험학습과 마을교육공동체를 잇다
주수원 외 지음 | 296쪽 | 값 15,000원

거꾸로교실,
잠자는 아이들을 깨우는 수업의 비밀
이민경 지음 | 280쪽 | 값 14,000원

교사는 무엇으로 사는가
정은균 지음 | 292쪽 | 값 15,000원

마음의 힘을 기르는 감성수업
조선미 외 지음 | 300쪽 | 값 15,000원

작은 학교 아이들
지경준 엮음 | 376쪽 | 값 17,000원

감성 지휘자, 우리 선생님
박종국 지음 | 308쪽 | 값 15,000원

대한민국 입시혁명
참교육연구소 입시연구팀 지음 | 220쪽 | 값 12,000원

교사를 세우는 교육과정
박승열 지음 | 312쪽 | 값 15,000원

전국 17명 교육감들과 나눈
교육 대담
최창의 대담·기록 | 272쪽 | 값 15,000원

들뢰즈와 가타리를 통해
유아교육 읽기
리세롯 마리엣 올슨 지음 | 이연선 외 옮김 | 328쪽 | 값 17,000원

교육과정 통합, 어떻게 할 것인가?
성열관 외 지음 | 192쪽 | 값 13,000원

 동양사상에게 인공지능 시대를 묻다
홍승표 외 지음 | 260쪽 | 값 15,000원

 학교 혁신의 길, 아이들에게 묻다
남궁상운 외 지음 | 268쪽 | 값 15,000원

 프레이리의 사상과 실천
사람대사람 지음 | 352쪽 | 값 18,000원

 혁신학교, 한국 교육의 미래를 열다
송순재 외 지음 | 608쪽 | 값 30,000원

 페다고지를 위하여
프레네의 『페다고지 불변요소』 읽기
박찬영 지음 | 296쪽 | 값 15,000원

 학교 민주주의의 불한당들
정은균 지음 | 276쪽 | 값 14,000원

 교육과정, 수업, 평가의 일체화
리사 카터 지음 | 박승열 외 옮김 | 196쪽 | 값 13,000원

 학교를 개선하는 교장
지속가능한 학교 혁신을 위한 실천 전략
마이클 풀란 지음 | 서동연·정효준 옮김 | 216쪽 | 값 13,000원

 공자던, 논어는 이것이다
유문상 지음 | 392쪽 | 값 18,000원

 교사와 부모를 위한
발달교육이란 무엇인가?
현광일 지음 | 380쪽 | 값 18,000원

 교사, 이오덕에게 길을 묻다
이무완 지음 | 328쪽 | 값 15,000원

▶ **교과서 밖에서 만나는 역사 교실**
상식이 통하는 살아 있는 역사를 만나다

 전봉준과 동학농민혁명
조광환 지음 | 336쪽 | 값 15,000원

 남도의 기억을 걷다
노성태 지음 | 344쪽 | 값 14,000원

 응답하라 한국사 1·2
김은석 지음 | 356쪽·368쪽 | 각권 값 15,000원

 즐거운 국사수업 32강
김남선 지음 | 280쪽 | 값 11,000원

 즐거운 세계사 수업
김은석 지음 | 328쪽 | 값 13,000원

 강화도의 기억을 걷다
최보길 지음 | 276쪽 | 값 14,000원

 광주의 기억을 걷다
노성태 지음 | 348쪽 | 값 15,000원

 선생님도 궁금해하는
한국사의 비밀 20가지
김은석 지음 | 312쪽 | 값 15,000원

 교과서 밖에서 배우는 역사 공부
정은교 지음 | 292쪽 | 값 14,000원

 팔만대장경도 모르면 빨래판이다
전병철 지음 | 360쪽 | 값 16,000원

 빨래판도 잘 보면 팔만대장경이다
전병철 지음 | 360쪽 | 값 16,000원

 영화는 역사다
강성률 지음 | 288쪽 | 값 13,000원

 친일 영화의 해부학
강성률 지음 | 264쪽 | 값 15,000원

 한국 고대사의 비밀
김은석 지음 | 304쪽 | 값 13,000원

 조선족 근현대 교육사
정미량 지음 | 320쪽 | 값 15,000원

 다시 읽는 조선근대교육의 사상과 운동
윤건차 지음 | 이명실·심성보 옮김 | 516쪽 | 값 25,000원

걸림돌
키르스텐 세룹-빌펠트 지음 | 문봉애 옮김
248쪽 | 값 13,000원

 역사수업을 부탁해
열 사람의 한 걸음 지음 | 388쪽 | 값 18,000원

 진실과 거짓, 인물 한국사
하성환 지음 | 400쪽 | 값 18,000원

 음악과 함께 떠나는 세계의 혁명 이야기
조광환 지음 | 292쪽 | 값 15,000원

 논쟁으로 보는 일본 근대교육의 역사
이명실 지음 | 324쪽 | 값 17,000원

▶ **더불어 사는 정의로운 세상을 여는 인문사회과학**
사람의 존엄과 평등의 가치를 배운다

 밥상혁명
강양구·강이현 지음 | 298쪽 | 값 13,800원

 도덕 교과서 무엇이 문제인가?
김대용 지음 | 272쪽 | 값 14,000원

 자율주의와 진보교육
조엘 스프링 지음 | 심성보 옮김 | 320쪽 | 값 15,000원

 민주화 이후의 공동체 교육
심성보 지음 | 392쪽 | 값 15,000원
2009 문화체육관광부 우수학술도서

 갈등을 넘어 협력 사회로
이창언·오수길·유문종·신윤관 지음 | 280쪽 | 값 15,000원

 동양사상과 마음교육
정재걸 외 지음 | 356쪽 | 값 16,000원
2015 세종도서 학술부문

 교과서 밖에서 배우는 철학 공부
정은교 지음 | 280쪽 | 값 14,000원

 교과서 밖에서 배우는 사회 공부
정은교 지음 | 304쪽 | 값 15,000원

 교과서 밖에서 배우는 윤리 공부
정은교 지음 | 292쪽 | 값 15,000원

 한글 혁명
김슬옹 지음 | 388쪽 | 값 18,000원

 좌우지간 인권이다
안경환 지음 | 288쪽 | 값 13,000원

 민주시민교육
심성보 지음 | 544쪽 | 값 25,000원

 민주시민을 위한 도덕교육
심성보 지음 | 500쪽 | 값 25,000원
2015 세종도서 학술부문

 교과서 밖에서 배우는 인문학 공부
정은교 지음 | 280쪽 | 값 13,000원

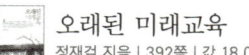 오래된 미래교육
정재걸 지음 | 392쪽 | 값 18,000원

 대한민국 의료혁명
전국보건의료산업노동조합 엮음 | 548쪽 | 값 25,000원

 교과서 밖에서 배우는 고전 공부
정은교 지음 | 288쪽 | 값 14,000원

 전체 안의 전체 사고 속의 사고
김우창의 인문학을 읽다
현광일 지음 | 320쪽 | 값 15,000원

 카스트로, 종교를 말하다
피델 카스트로·프레이 베토 대담 | 조세종 옮김
420쪽 | 값 21,000원

 교사와 부모를 위한 비고츠키 교육학
카르포프 지음 | 실천교사번역팀 옮김 | 308쪽 | 값 15,000원

▶ 살림터 참교육 문예 시리즈
영혼이 있는 삶을 가르치는 온 선생님을 만나다!

꽃보다 귀한 우리 아이는
조재도 지음 | 244쪽 | 값 12,000원

성깔 있는 나무들
최은숙 지음 | 244쪽 | 값 12,000원

아이들에게 세상을 배웠네
명혜정 지음 | 240쪽 | 값 12,000원

밥상에서 세상으로
김흥숙 지음 | 280쪽 | 값 13,000원

선생님이 먼저 때렸는데요
강병철 지음 | 248쪽 | 값 12,000원

서울 여자, 시골 선생님 되다
조경선 지음 | 252쪽 | 값 12,000원

행복한 창의 교육
최창의 지음 | 328쪽 | 값 15,000원

북유럽 교육 기행
정애경 외 14인 지음 | 288쪽 | 값 14,000원

▶ 남북이 하나 되는 두물머리 평화교육
분단 극복을 위한 치열한 배움과 실천을 만나다

10년 후 통일
정동영·지승호 지음 | 328쪽 | 값 15,000원

분단시대의 통일교육
성래운 지음 | 428쪽 | 값 18,000원

선생님, 통일이 뭐예요?
정경호 지음 | 252쪽 | 값 13,000원

김창환 교수의 DMZ 지리 이야기
김창환 지음 | 264쪽 | 값 15,000원

▶ 출간 예정

근간	이제는 민주시민교육이다 염경미 지음	근간	혁명 프랑스에게 공교육의 기초를 묻다 마르퀴 드 콩도르세 지음	이주환 옮김

근간 신채호, 역사란 무엇인가?
      이주영 지음

근간 진보주의 교육의 세계적 동향
      한국교육연구네트 지음

근간 학교는 평화로운가?
      강균석 외 지음

근간 한국 교육 어디서 와서 어디로 가는가?
      이주영 지음

근간 민·관·학 협치 시대를 여는
      마을교육공동체 만들기
      김태정 지음

근간 삶을 위한
      국어교육과정, 어떻게 만들 것인가?
      명혜정 지음

근간 민주주의와 교육
      Pilar Ocadiz, Pia Wong, Carlos Torres 지음 | 유성상 옮김

근간 마을수업, 마을교육과정!
      서용선·백윤애 지음

근간 미국의 진보주의 교육 운동사
      윌리엄 헤이스 지음 | 심성보 외 옮김

근간 독립의 기억을 걷다
      노성태 지음

근간 교육의 대전환
      김경욱 외 지음

근간 민주시민교육을 위한
      역사수업 어떻게 할 것인가?
      황현정 지음

근간 대학생에게 협동조합을 허하라
      주수원 외 지음

근간 다 함께 올라가는 스웨덴 교육법
      레이프 스트란드베리 지음 | 변광수 옮김